世界でいちばん素敵な
ギリシア神話の教室

The World's Most Wonderful Classroom of Greek Mythology

軍事や学芸などをつかさどる知勇兼備の女神、アテナの像。

はじめに

「神話」という言葉は、ギリシア語で「言葉、物語、伝承」を意味する「ミュートス」という語を語源とします。このことからもわかるように、もともと口承で伝えられたさまざまな物語が、まずギリシアにおいて成文化され、やがて「神話」としての体裁を整えたと思われます。

そのかぎりにおいて、ギリシア神話は世界の神話体系の「原点」というべきものであり、至高神のゼウスをはじめとする神々や、トロイア戦争の英雄たち、さらにメドゥーサなどの怪物たちが繰り広げる物語の豊かさや躍動感は、古代より人々の心をとらえて離しませんでした。

また、ギリシア神話はとくに西洋の芸術や文学、演劇、哲学・思想にも大きな影響を与えてきました。夜空を彩る多くの星座にも、神々の名前がつけられています。最近では、ファンタジー小説やゲームのモチーフとしても欠かせません。

こうして見ると、ギリシア神話はまさに人類の偉大な遺産といえるでしょう。

本書は、ギリシア神話の一端を、関連する絵画や彫刻、遺跡などの写真とともに、Q＆A形式でわかりやすくまとめたものです。写真を眺めているだけでも、楽しめること請け合いです。

遠く地中海やオリュンポスの丘に想いを馳せながら、この興趣つきない神話の世界に遊んでいただければ幸いです。

蔵持不三也

Contents
目次

『ヴィーナスの誕生』(サンドロ・ボッティチェッリ)。ギリシア神話を代表する女神のひとり、アフロディテ(英語名ヴィーナス)が、海の泡から生まれた場面を描いた作品。ルネサンス期の名画です。

ギリシア神話の登場人物相関図

・一部、神ではなく半神半人、または人間も含まれます。
・■の神様は、「オリュンポス十二神」を示します。
全部で13柱の神様がいるのは、12番目の神様をヘスティアとする説とデュオニュソスとする説があるためです。

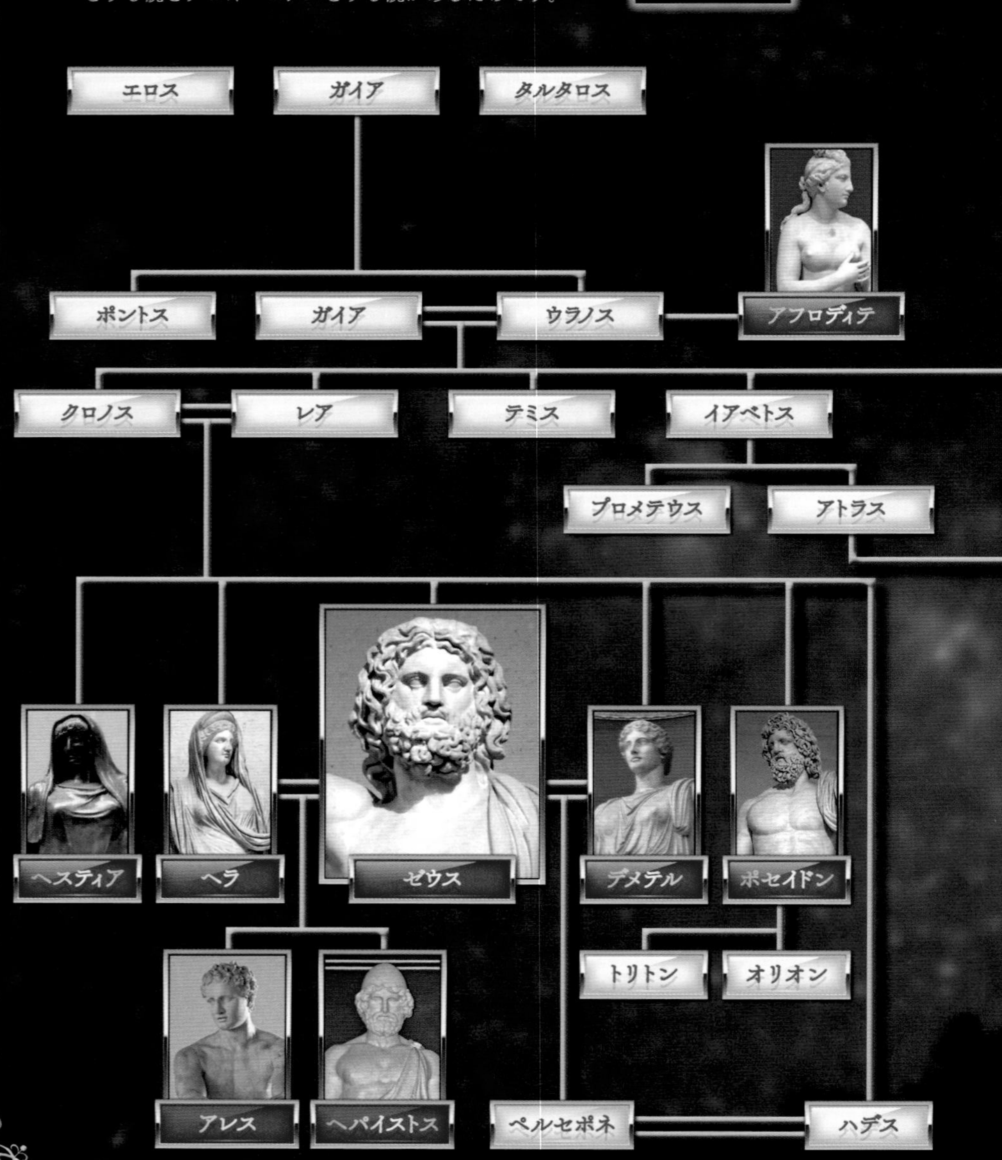

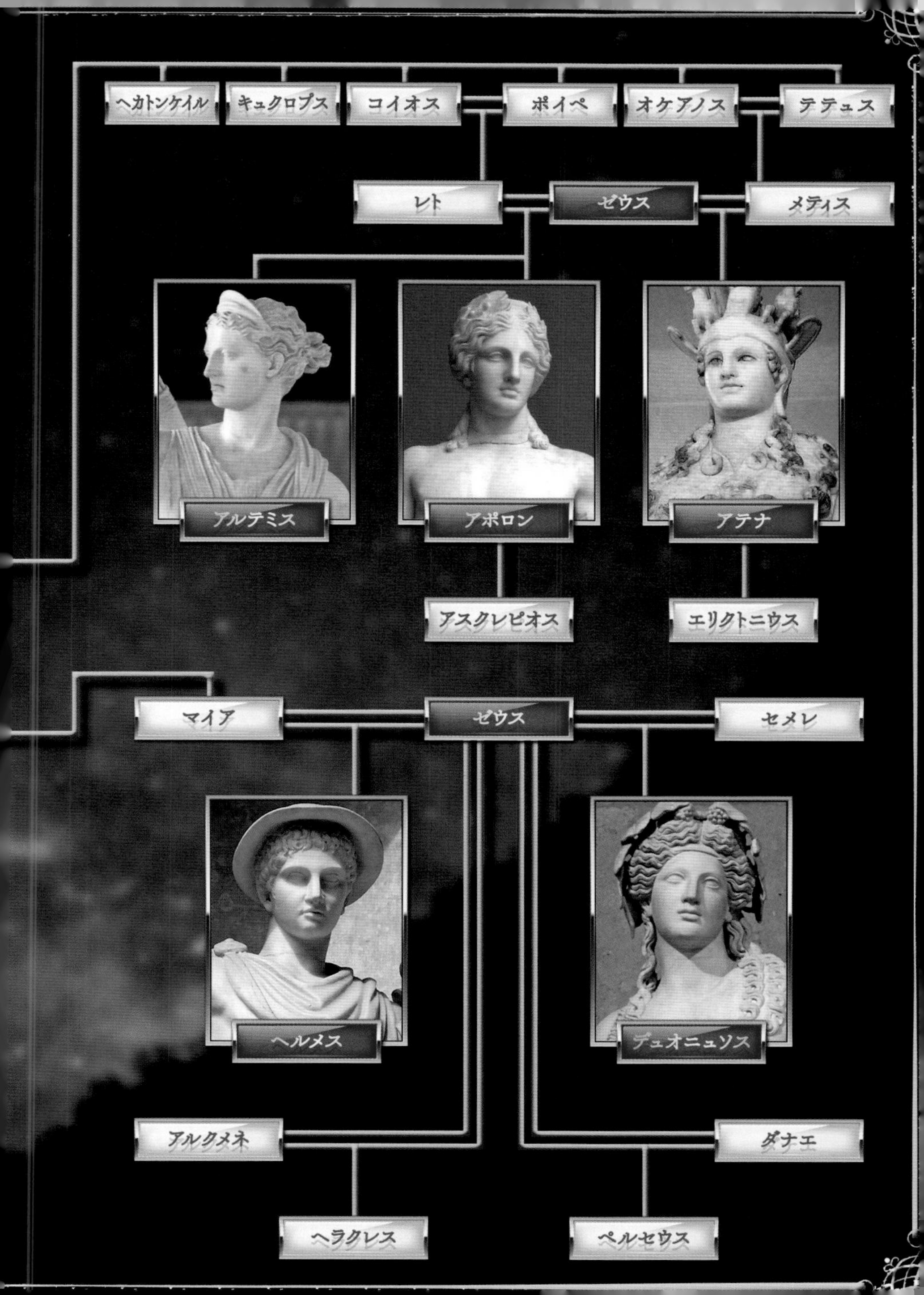
ヘカトンケイル
キュクロプス
コイオス
ポイベ
オケアノス
テテュス
レト
ゼウス
メティス
アルテミス
アポロン
アテナ
アスクレピオス
エリクトニウス
マイア
ゼウス
セメレ
ヘルメス
デュオニュソス
アルクメネ
ダナエ
ヘラクレス
ペルセウス

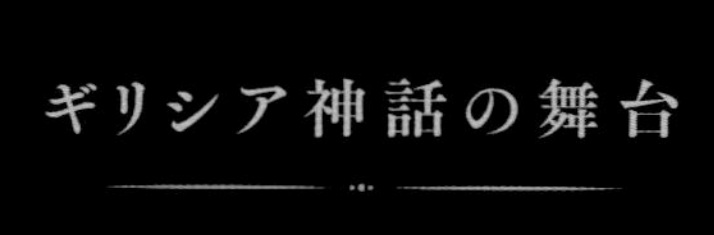

ギリシア神話の舞台

ギリシア神話の舞台は、
現在のギリシアやトルコ、
さらにその近辺の半島や島々です。

イオニア海

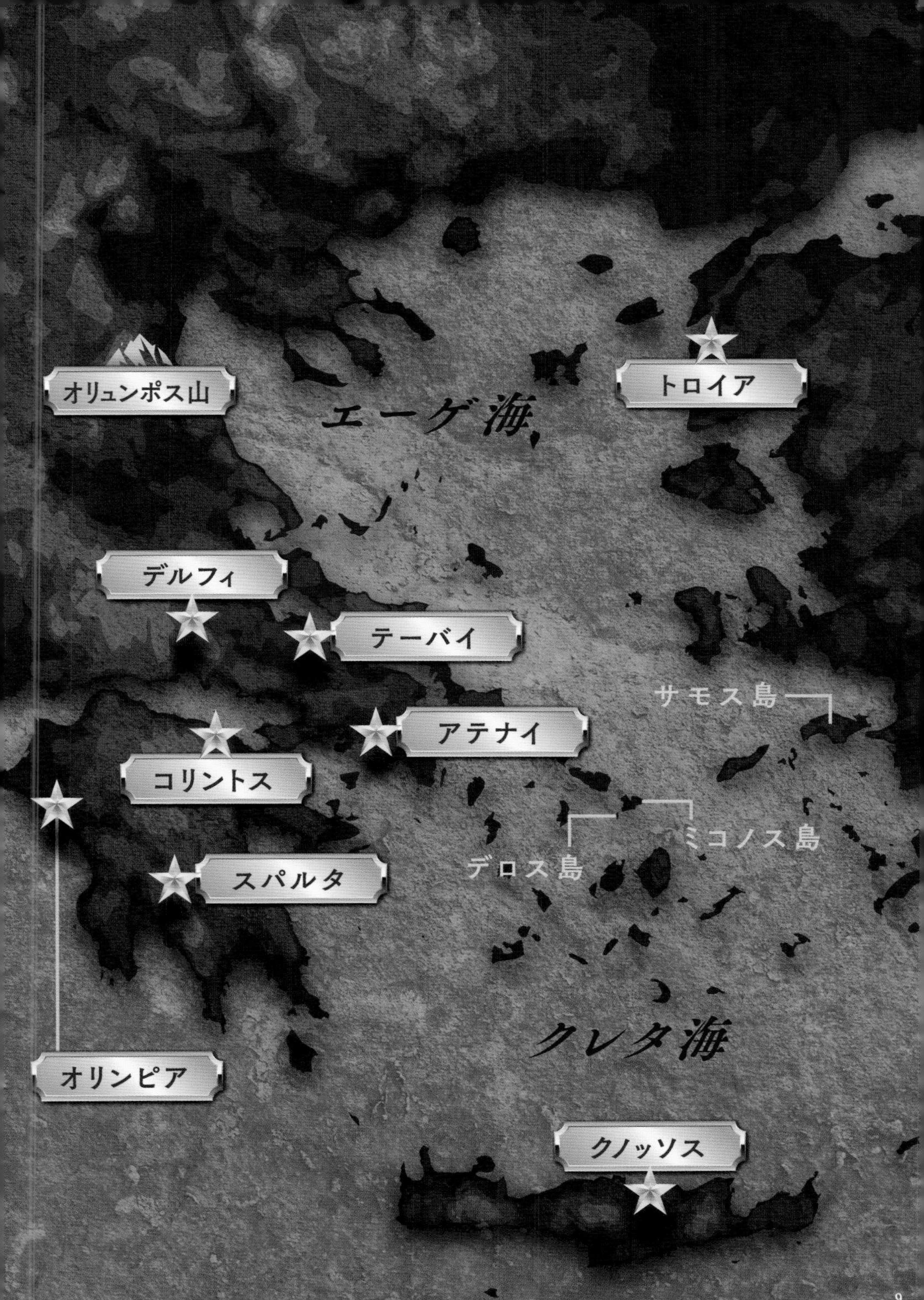

オリュンポス山

トロイア

エーゲ海

デルフィ

テーバイ

サモス島

アテナイ

コリントス

ミコノス島

デロス島

スパルタ

クレタ海

オリンピア

クノッソス

Q
ギリシア神話が成立したのはいつ頃?

アクロポリスとパルテノン神殿。ここは古代ギリシア文明の栄光を象徴する場所です。

A
紀元前8世紀頃です。

ギリシア神話は古代ギリシア文学で語られ、芸術に表されて伝えられてきました。

古代ギリシアの神々の物語は、ヨーロッパ文明の源流になりました。

多くの神々と英雄たちが活躍する
ギリシア神話は、
古代ローマを経てヨーロッパに広まり、
現代の私たちにも親しまれています。

Q1 ギリシア神話をまとめたのは誰？

A ホメロスという詩人だとされています。

ギリシア神話は、紀元前15世紀頃からギリシア各地で口承によって伝えられてきました。それをひとつの作品としてまとめた最初期のものが、紀元前8～9世紀頃の吟遊詩人ホメロスの作とされる二大叙事詩『イーリアス』と『オデュッセイア』です。また、初めて文字の形で書きとめられたのは、同じく紀元前8世紀の詩人ヘシオドスの『神統記』と考えられています。

『ホメロスと案内人』（アドルフ・ブグロー）。
伝承では、ホメロスは盲目だったとされます。

Q2 ギリシア神話には、どんなキャラクターが登場するの？

A 神様と人間のほか、巨人、怪物、ニンフなどです。

ギリシア神話では、神々と人間は同じ世界で暮らしています。そのため、神様と人間が結婚する話がいくつもありますし、ときには神様が人間に負けることさえあります。また、この世界には神様と人間のほか、巨人族や恐ろしい怪物たち、美しいニンフ（精霊）なども暮らしています。

『ヒュラスとニンフたち』（ジョン・ウィリアム・ウォーターハウス）。ニンフは多くの場合、若くて美しい女性の姿で描かれます。この絵では、水のニンフ（ナイアデス）が美男子のヒュラスを水中に引き込もうとしています。

Q3 ギリシア神話とローマ神話が似ているのはなぜ？

A ローマ人がギリシアの文化を取り入れたからです。

古代ギリシア文明は紀元前２世紀頃に衰退し、かわってローマが地中海世界の覇権を握ります。その際、ローマ人はギリシア神話を自分たちの文化に取り入れました。そして、ギリシア神話はほとんどがそのままローマ神話として受け継がれていったのです。

主な神様の名前対応表

ギリシア名	ローマ名	英語名
ゼウス	ユピテル	ジュピター
ヘラ	ユノ	ジューノー
ポセイドン	ネプトゥヌス	ネプチューン
デメテル	ケレス	セリーズ
アポロン	アポロ	アポロ
アルテミス	ディアナ	ダイアナ
アレス	マルス	マーズ
アフロディテ	ウェヌス	ヴィーナス
ヘルメス	メルクリウス	マーキュリー
アテナ	ミネルヴァ	ミナーヴァ
ヘパイストス	ウルカヌス	ヴァルカン
ディオニュソス	バックス	ダイアナイサス／バッカス
ガイア	テルス	アース
クロノス	サトゥルヌス	サターン
ハデス	プルート	プルート
エロス	クピド（アモル）	キューピッド
ヘスティア	ウェスタ	ヴェスタ

Q4 ギリシア神話をモチーフにした芸術作品を教えて！

A ダンテの『神曲』のほか、シェイクスピアの作品にもあります。

ギリシア神話は西洋の絵画や文学、音楽などにも大きな影響を与えました。西洋絵画にはギリシア神話を題材とした傑作が数多くありますし、文学では、13世紀イタリアの詩人ダンテの代表作『神曲』にもギリシア神話のモチーフが数多くみられます。また、16世紀イギリスの劇作家シェイクスピアは、トロイア戦争そのものを題材とした『トロイラスとクレシダ』という悲劇を書いています。

『トロイラスとクレシダ』の1場面（アンゲリカ・カウフマン）。トロイ戦争末期のいくつかのエピソードが演じられます。

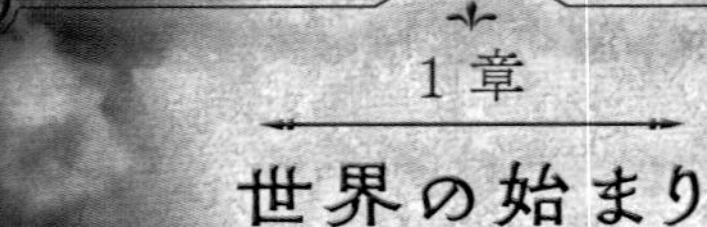

1章

世界の始まり

混沌から世界と数多くの神様たちが生まれ、
やがて血で血を争う世代間闘争が連鎖的に起こります。
そして最終的にゼウスが神々の王となります。

この章に登場する主要なキャラクター

ガイア	クロノス	パンドラ
タルタロス	レア	ゼウス
エロス	ムネモシュネ	ハデス
ウラノス	プロメテウス	ヘラ
ポントス	エピメテウス	ポセイドン

ゼウスは雷を操るとされています。

Q
ギリシア神話の始まりを教えて！

約138億年前、ビッグバンと呼ばれる大爆発が起こり、宇宙は誕生したと考えられています。ギリシア神話の中の世界の始まりも、宇宙と同じようにカオスから始まりました。

A

カオスから始まります。

一説によると当初、世界はカオス（虚無）でした。宇宙の始まりと同じ状態です。

虚無から3柱の神様が誕生し、世界のすべてが始まります。

世界の最初には、ただ虚無だけが広がっていました。
やがてそこから3柱の神様が生まれます。

Q1 最初の3柱の神様って？

A 大地、奈落、愛の神様です。

世界の成り立ちについてはいくつかの異なる神話がありますが、代表的なのは次のものです。世界の最初には、ただカオス（虚無）だけがありました。あるときそこから、ガイア（大地）とタルタロス（奈落）とエロス（愛）という3柱の神様が生まれます。ガイアは女神であると同時に大地そのものです。その後、ガイアは単独でウラノス（天）とポントス（海）という神様を生み、さらに高い山々を生みだしました。

『ガイア』（アンゼルム・フォイエルバッハ）。ギリシア神話の神様の多くは、ガイアの血筋です。

Q2 最初の頃の神様は どうやって 増えていったの？

A ガイアとウラノスが結婚して 多くの神が生まれました。

ガイアとウラノスは母子ですが、エロスの働きによって結ばれます。そして、この２柱の神様のあいだに、多くの神様が生まれました。それらの神様は「ティタン十二神」とも「ティタン神族」とも呼ばれます。

『エロスの彫像』。万物を結びつけるエロスがガイアとウラノスを結びつけました。

Q3 世界ができたばかりの頃は、神様しかいなかったの？

A 恐ろしい外見をした巨人たちも 誕生しました。

ガイアとウラノスのあいだには、ティタン神族のほかにも、ひとつ目の巨人であるキュクロプス（サイクロプス）、腕が100本ある巨人ヘカトンケイルがそれぞれ３兄弟、生まれました。しかし、ウラノスは我が子の醜い外見を嫌い、彼らをタルタロス（奈落）に幽閉してしまいました。

エーゲ海北部にあるタソス島で出土した大理石像。キュクロプスのひとりポリュペモスを象ったとされています。

★COLUMN★
現代に息づくギリシア神話①

ガイア理論

1960年代、NASAの科学者が、ある仮説を提唱しました。それは、地球と地球上の生物が関係し合って環境を作り上げ、地球すべてがあたかも生命体であるかのようにみなす理論でした。『蝿の王』などで世界的に有名なイギリス人作家のウィリアム・ゴールディングにより、この理論は「ガイア理論」と名付けられました。

画像提供：NASA

Q 最初に世界を支配した神様は誰？

『ウラノスと踊る星々』（カルル・フリードリヒ・シンケル）。ウラノスとその子どもたちの頭の上に、星が描かれています。

A ウラノスです。

ウラノスとは「天」の意味。天空を神格化した、ギリシア神話最古の男神です。

神々の王となったウラノスは、息子に裏切られて地位を失います。

ティタン神族(巨神族)と呼ばれる古き神々の父であったウラノスは、彼らの王となりました。しかし、息子クロノスに裏切られて王の座から追われてしまいました。

Q1 ウラノスってどんな神様?

A 天空の神様です。

ガイアとのあいだに多くの神々をつくったことで、ウラノスは神々の父として全宇宙を支配するようになります。ウラノスの体は宇宙そのものと同じ大きさで、銀河系を散りばめた宇宙をつねに身にまとっているとも伝えられています。

ウラノスは果てしなく巨大で、「天」そのものを神格化したものです。

Q2 ウラノスはなんで息子に裏切られたの？

A 妻ガイアの怒りを買ったからです。

ウラノスはガイアとのあいだに生まれたキュクロプスやヘカントケイルなどの醜い巨人たちを幽閉したことで、ガイアの怒りを買います。そして、ガイアは我が子の農耕神クロノスに命じ、彼にウラノスの男性器を大鎌で切り落とさせてしまいました。これにより、ウラノスは最高神の地位を失ったのです。

『クロノスに去勢されるウラノス』（ジョルジョ・ヴァザーリとクリストファーノ・ゲラルディ）。大鎌を突き立てるクロノスに対し、ウラノスは横たわりつつも思わずのけぞっているようにも見えます。

Q3 ウラノスは去勢されてどうなったの？

A 傷口からさまざまな神様や怪物が生まれました。

ウラノスが最高神の地位を失ったあとどうなったかは、はっきりしていません。ただ、大鎌で切り落とされた男性器の傷口から流れ出した血から、復讐の女神エリニュスやギガスと呼ばれる巨人たちが生まれたとも言われています。

『オレステスを責める復讐の三女神』（ウィリアム・アドルフ・ブグロー）。古来、エリニュスは数が定まっていませんでしたが、のちにアレクト、ティシポネ、メガイラの３柱の女神に整理されました。この絵では、トロイア戦争後に母を殺したオレステースを執拗に追って狂わせる姿が描かれています。

Q

父を失ったクロノスはどうなったの？

『我が子を食らうサトゥルヌス』(フランシスコ・デ・ゴヤ)。神話では、自分の子どもを丸のみしたとされていますが、本作では頭から食い殺す様子がリアルに描かれています。

A
最高神の座につきました。

自分の子どもに支配権を奪われることを恐れたクロノスは、自分の子どもを食べてしまいました。

王の座を守るために、我が子を飲み込んだクロノス。

クロノスは、我が子に王の座を奪われるという予言を恐れ、
子どもが生まれると、次々と飲み込んでしまいました。
しかし末子のゼウスは、祖母ガイアと母レアの助けを借り、
父の魔の手から逃れます。

Q1 最高神に就いたクロノスはどうなったの？

A 姉のレアと結ばれました。

母ガイアの命令でウラノスを追放したクロノスは、父に代わり神々の頂点の座に就き、姉のレアと結ばれました。しかしクロノスは、ガイアから「お前も父と同じように我が子に追放される」という予言をされます。そこでクロノスは、生まれた子どもを片っ端から飲み込んでしまいました。

『我が子を食らうサトゥルヌス』（ピーテル・パウル・ルーベンス）。24～25ページにあるゴヤの作品よりも前に、オランダのルーベンスが同じテーマの作品を残しています。

Q2 クロノスとレアのあいだには、どんな神様が生まれたの？

A ポセイドン、ハデス、ヘラなどです。

クロノスとレアのあいだには、かまど（炉）の女神ヘスティア、大地と豊穣の女神デメテル、結婚と出産の女神ヘラ、冥府の王ハデス、海神ポセイドンが生まれました。また、クロノスはニンフのピリュラーとのあいだに半人半馬のケンタウロス族の賢者ケイロンももうけています。

Q3 末子のゼウスは、何番目に生まれたの？

A 6番目です。

ゼウスはクロノスとレアのあいだの末っ子として6番目に生まれた神様です。レアはゼウスが生まれるさい、今度もクロノスに飲み込まれてしまうことを恐れ、我が子と偽って羽毛にくるんだ石を夫に飲み込ませます。こうして助かったゼウスは、ガイアによってクレタ島の岩山の洞窟に隠され、ニンフたち、ないし牝山羊のアマルテイアによって育てられました。

「ディクテオン洞窟の下部」（撮影:遠藤昂志）。ゼウスが隠されて育った洞窟は、クレタ島にあるディクテオン洞窟とされています。この洞窟の下部にある鍾乳石と石筍は、古くから信仰の対象となっており、巡礼者が奉納した品などの遺物がたくさん出土しています。

Q4 成長したゼウスはどうしたの？

A クロノスに飲み込まれていた兄姉たちを助けました。

クレタ島で無事に成長したゼウスはガイアの助言を受け、吐き薬をネクタルという酒に混ぜてクロノスに飲ませます。苦しんだクロノスは、飲み込んだ子どもたちを次々と吐き出しました。こうして助け出された兄姉たちは、末弟のゼウスをリーダーにしてオリュンポス山に集います。

★COLUMN★ ギリシア神話の舞台①

オリュンポス山

ゼウスらオリュンポス十二神の居所とされるオリュンポス山は、ギリシア中部テッサリア地方に位置し、標高2,917メートルとヨーロッパでも有数の高山です。山頂には2つのピーク（頂上）があり、より高いミティカス・ピークの登頂は岩場をよじ登る本格的なものです。なお、火星には太陽系で最大の山であるオリンポス山（標高約25,000メートル）もあります。

Q 兄姉を助けたゼウスは、すんなり王になったの？

『ティタンの堕落』（コルネリス・ファン・ハールレム）。ゼウスたちとの戦争に負けたティタン神族が雲の切れ間（天界と地上の境界）から落ちてくる様子が描かれています。

A 世界の支配権を巡って、10年にわたる戦争が起きました。

神様たちはお互い世界の支配権を譲ることができず、激しい戦争を繰り広げました。

神々とティタン神族による、世界の覇権を賭けた長き戦い。

兄姉たちを助けたゼウスは、
彼らオリュンポスの神々と力を合わせて父クロノス率いるティタン神族に戦いを挑みます。
そして「ティタノマキア」と呼ばれる戦いの末、
ゼウスたちが勝利したのです。

『ムネモシュネ』(ダンテ・ガブリエル・ロセッティ)。ムネモシュネはティタン神族の1柱で、「記憶」の女神です。ゼウスと9日間夜を過ごし、9人の文芸の女神ムーサを生みました。このムーサは、「音楽(music)」や「博物館(museum)」の語源となっています。

Q1 どうしてティタノマキアはなかなか決着がつかなかったの？

A 神様は不死の存在だからです。

ゼウスとその兄姉たちと、クロノスを頂点とするティタン神族は世界の覇権を巡って戦いましたが、そもそも神様は不死の存在なので、なかなか決着はつきませんでした。この戦いのあいだ中、大地は大きく鳴り響き、天はゆすられてうめき声をあげ続けたと伝えられています。

② ゼウスたちはどうやって勝ったの？

A 巨人たちの力を借りました。

長引く戦いにゼウスたちが疲弊していると、ガイアが「ウラノスによって幽閉されたヘカトンケイルたちとキュクロプスたちを味方にすれば勝てる」と助言しました。その言葉に従ってゼウスは彼らをタルタロスから解放します。これを恩に感じたキュクロプスたちは、強力な魔法の武器を作ってゼウスたちに贈りました。ゼウスたちはその魔法の武器を使ってヘカトンケイルたちと共に戦い、ようやくクロノス勢に勝利を収めたのです。

（右）エラスムス・フランキスキの著書にみられるキュクロプスの挿絵。
（下）ジョン・フラックスマンが描いたブリアレオス。ブリアレオスは3兄弟だったヘカトンケイルのひとり。ブレアレオスはティタノマキア以後もギリシア神話にたびたび登場します。

③ 敗れたクロノスたちはどうなったの？

A タルタロスに封じ込められました。

クロノスを筆頭とするティタン神族の多くは降参して捕えられ、ゼウスによってタルタロスに封印されました。そして、ゼウスはヘカトンケイルたちをタルタロスの番人として見張らせることにします。その後、くじ引きをしてゼウスが天空を、ポセイドンが海を、ハデスが冥府を支配することが決まりました。

『天球を支えるアトラス』（ジョバンニ・フランチェスコ・バルビエーリ（グエルチーノ））。ティタン神族の1柱アトラスだけはタルタロスに幽閉されるのではなく、未来永劫、頭と両肩で天空を支え続けるという罰を受けました。

『神々と巨人族の戦い』(ジュリオ・ロマーノ)。巨人ギガンテスたちが押しつぶされようとしています。

神々と巨人族のあいだに起こった、もうひとつの大きな戦い。

ゼウスたちは、ティタノマキアに勝利を収めましたが、
次に祖母ガイアが、巨人族のギガスたちを率いて戦いを挑んできました。
これが「ギガントマキア」です。
ゼウスはギリシア神話最大の怪物ともいわれるテュポンに苦戦しますが、
辛くも勝利し、世界の支配権を確立しました。

Q1 ギガントマキアはなんで始まったの？

A ガイアがゼウスの増長に怒ったためです。

ガイアの助言によってティタノマキアに勝利したゼウスたちでしたが、クロノスたちティタン神族をタルタロスに封じ込めたことをガイアはやりすぎと感じ、ゼウスたちを懲らしめようと考えます。そして、ガイアはウラノスの傷口から生まれたギガス（巨人）たちを率いて、ゼウスたちオリュンポスの神々に戦いを挑みました。これにより、ギガントマキアが始まります。

Q2 ゼウスたちはどうやって勝利したの？

A 人間の力を借りて勝ちました。

ギガスは腰から下が竜の姿をしており、「神々には殺すことができず、人間だけが倒せる」という存在でした。この巨人たちに神々は手を焼きます。そこでゼウスはヘラクレスの力を借り、オリュンポスの神々はギガントマキアに勝利を収めました。

エトルリア（イタリア半島中部にあった古代都市国家群）から出土したテュポンのブロンズ像。ギガントマキアに敗北したガイアはそれでもあきらめず、一説によると奈落の神タルタロスと交わってテュポンという巨大な怪物を生みだします。ゼウスはこのテュポンに一度敗れますが、伝令の神ヘルメスに助けられて再び戦いを挑み、ついにこれを打ち倒しました。

Q ティタン神族は、みんなオリュンポス十二神の敵だったの？

『プロメテウス像』（ニコラ・セバスティアン・アダム）。プロメテウスが大鷲に肝臓を喰われようとしている場面をモチーフにした彫刻です。

A プロメテウスは、ティタノマキアでゼウスたちの味方になりました。

プロメテウスは人間に火を与えたため、人類の恩人とされています。

人類に火を与えた神様は、ゼウスの罰を受け続けることに。

ゼウスは人間が火を使うことを禁じますが、
プロメテウスはその禁を破り火を与えてしまいます。
おかげで人間は火によって便利な生活を手に入れましたが、
同時に戦争なども起こすようになりました。

Q1 プロメテウスってどんな神様？

A ゼウスより前の世代に属する神様です。

プロメテウスはティタン神族に属する神様です。つまり、ゼウスたちより古い世代の神様ということになります。ただ、ティタノマキアでゼウスたちに味方したため、タルタロスに封じ込められることはありませんでした。そして、ティタン神族の生き残りとして、オリュンポスの神々とともに暮らすようになります。

『火を運ぶプロメテウス』（ヤン・コシエール）。プロメテウスが地上に火をもたらそうとしています。

Q2 人間に火を与えてどうなったの？

A ゼウスの怒りを買ってしまいました。

あるとき、ゼウスは人間が火を使っていると悪いことをするようになると考え、人間から火を取り上げてしまいました。その結果、人間は寒さに震え、獣たちに脅かされるようになります。それを見たプロメテウスは哀れに思い、天界から火を盗み出して人間たちに与えました。そのおかげで人間は文明を築くことができましたが、同時に武器を作って戦争をするようになります。これにゼウスは怒り、プロメテウスに罰を与える決意をします。

『プロメテウス伝説』（ピエロ・ディ・コジモ）。左では土から造った人間にプロメテウスが火を当てて命を吹き込んでいるところ、右にはプロメテウスがヘルメスによって罰せられている姿が描かれています。また、プロメテウスは人間を創造したとする説もあります。

Q3 プロメテウスはどんな罰を受けたの？

A 肝臓を鷲についばまれる苦痛が永遠に続く罰を受けました。

ゼウスに捕えられたプロメテウスは山の上に磔にされ、毎日、肝臓を巨大な鷲についばまれるという罰を受けることになりました。神様であるプロメテウスは死ぬことができず、鷲に食べられた肝臓も夜中には再生し、また次の日になれば同じ苦痛を味わうことになります。

『縛られたプロメテウス』（ピーテル・パウル・ルーベンス）。プロメテウスの名は、ギリシア語で「先見の明を持つ者」「熟慮する者」と訳すことができます。

『パンドラ』（ジョン・ウィリアム・ウォーターハウス）。パンドラが開けようとしているのは、災いが詰め込まれている箱。この箱が壺で表現されることもあります。

人間世界に送り込んだ女性にゼウスがもたせた壺。

火を使うようになった人間たちに罰を与えるため、
ゼウスはパンドラに壺をもたせて送りこみます。
彼女が好奇心に負けて壺を開けてしまうと、
中からさまざまな悪いものが飛び出し、
世界に広がっていきました。
しかし、壺の底にはあるものが残っていました。

Q1 パンドラってどんな女性？

A 人類最初の女性とも言われています。

プロメテウスが人間に火を与えたことに対して、プロメテウスを罰するだけではゼウスの怒りは収まりませんでした。そこで、人間に災いをもたらすため、鍛冶の神ヘパイストスに命じて、女神たちをモデルに「女性」というものを造らせ、人間の世界に送り込むことにしました。それがパンドラです。

『エヴァ・プリマ・パンドラ』（ジャン・クザン／父）。横たわるパンドラは右肘の下に原罪を示す頭蓋骨を置き、蛇が巻きついた左手を壺の上に置いています。神話を素直に読めば、それまで人間には男性しかおらず、女性はいなかったことになりますので、少し不思議な感じもします。

Q2 ゼウスはなんでパンドラに壺をもたせたの？

A 人間たちに苦しみを与えるためです。

パンドラは、プロメテウスの弟であるエピメテウスのもとに送り込まれました。パンドラの美しさに魅せられたエピメテウスは、兄の警告を無視してパンドラと結婚してしまいます。このときパンドラはゼウスからひとつの壺をもたされていました。彼女はゼウスから「絶対に壺を開けてはいけない」と言われていましたが、好奇心に負けて開けてしまいます。すると、中から疫病や悲嘆、欠乏、犯罪などが飛び出し、世界に広がっていきました。ただし、壺の底には最後に「希望」が残っていたとされます。

『パンドラ』（ローレンス・アルマ=タデマ）。パンドラがもつこの壺に残された「希望」があるからこそ、人間たちは生きていけるのだとギリシア神話は伝えます。

『大洪水』（アントニオ・カラッチ）。
大洪水に見舞われ、絶望に直面
する人類を主題とした作品です。

繁栄を謳歌し思い上がる人類に、ゼウスは大洪水の罰を与えます。

人間たちは文明を築き栄えるいっぽうで、
神々の王であるゼウスを崇拝する心を忘れてしまいました。
その罰として、人類は大洪水により一度滅ぼされてしまいますが……。

Q1 なぜゼウスは大洪水を起こしたの？

A 人間が不信心だったためです。

あるとき、ゼウスは人間たちの不信心さに腹を立て、洪水によってすべて滅ぼしてしまおうと決意します。そして、果てしなく続く豪雨が発生し、海の水かさが増したことで、地上の都市は流され、世界はいくつかの山の頂以外は水浸しとなってしまいました。これにより、ほとんどの人間は溺れ死んでしまいます。

Q2 大洪水で人間は全滅してしまったの？

A わずかな生き残りから、また復活します。

プロメテウスの息子デウカリオンは、大洪水が起きることを父からの警告で知っていました。そこで事前に方舟を作って食料を積み込んでおき、妻とともに乗り込みます。水が引いたあと、方舟は山頂に漂着しました。そこで２人はゼウスのお告げを聞き、石を自分たちの背後に投げます。すると、投げた石から男性と女性が誕生し、再び地上には人間があふれるようになったのです。

『デウカリオンとピュラ（ヴァージル・ソリス）』。投げた石から子どもが誕生している様子が刻まれています。

2章
オリュンポスの神々

ゼウスを頂点とした個性的な十二柱の神様たちを
「オリュンポス十二神」と呼びます。
彼らが互いに争ったり浮気したりされたりといった、
人間らしい神々の物語がギリシア神話の特徴です。

オリュンポス十二神のひとり、ポセイドンの神殿。

この章に登場する主要なキャラクター

ゼウス
ヘラ
メティス
ダナエ
レダ
エウロペ
アポロン
ダフネ
アテナ
アフロディテ
ヘパイストス
ペルセポネ
アレス
アルテミス
ポセイドン
ヘルメス
デメテル
ハデス
ヘスティア
ディオニュソス
ヘリオス
カロン
アスクレピオス

Q
ゼウスって
どんな神様？

『ユピテルとユノ』(アンニバーレ・カラッチ)。ゼウス(ユピテル)が、のちに正妻となるヘラ(ユノ)をベッドに誘っている場面です。

A

最高神なのですが、女性にだらしないところがあります。

ゼウスはすさまじい浮気性で、何人もの女性と関係を持ち続けました。

十二神の頂点に立つ神様は、全知全能ながら人間らしい面も。

ゼウスはギリシア神話の神々の王として圧倒的な力を誇り、
多くの人々に信仰されていました。
ですが、浮気性で恐妻家というかわいらしい面もあります。

Q1 ゼウスはどんな力をもっているの？

A 世界を支配し、破壊する力をもっています。

天空神のゼウスは、全宇宙のほか、雲、雨、雪などの気象を支配するとともに、人間と神々の秩序を守ります。しかし、浮気を繰り返しては正妻である女神ヘラに怒られてばかりいるという、じつに人間らしい一面もあります。

ゼウスは一瞬で世界を破壊するだけの力をもっていて、実際、何度か人類を滅ぼそうとしたことがあります。

Q2 ゼウスの正式な妻はヘラだけ？

A ヘラと結婚する前に、何度か結婚と離婚をしています。

ゼウスの最初の妻は、ティタン神族の一員だった智恵の女神メティスでした。ですが、ガイアから「ゼウスとメティスのあいだに生まれた男神は父を超える」という予言を受け、ゼウスは妊娠していたメティスをのみ込んでしまいます。次にゼウスは、掟の女神テミスと結婚しますが、母性や貞節の女神ヘラに惚れてしまい、テミスを離縁しました。

『イデ山にあるゼウスとヘーラー』（ジェームズ・バリー）。あるときヘラは、思慮深い者さえたぶらかす力を秘めた、アフロディテのケストス（魔法の宝帯）を借りてゼウスを誘惑し、交わります。ゼウスはヘラとの交わりに満足し、ヘラの思惑通りに眠りにつきました。

Q3 ゼウスの愛人には どんな女性がいるの？

A 人間の王女やニンフなどがいました。

ゼウスの愛人は無数にいました。なかでもアルゴス王の娘であるダナエ、アイトリア王の娘でスパルタ王の妻だったレダ、フェニキア王の娘であるエウロペ、ニュンペのカリストなどが有名です。また、ガニュメデスという人間の美少年をさらったこともありました。

ガニュメデスの胸像（ルーヴル美術館蔵）。ゼウスに愛人が多いのは、古代ギリシアの各地の人々が、自分たちの祖先をゼウスとするためだったとも言われています。

Q4 ゼウスはどうやって女性に近づいたの？

A 動物や雨や雲などに変身して近づきました。

ゼウスは浮気をするさい、ヘラの厳しい監視の目から隠れるため、また相手の警戒心を解くために、たいていの場合はなにかに変身して女性に近づきます。ダナエのときは黄金の雨に、レダのときには白鳥に、エウロペのときには白い牡牛に、カリストのときには女神アルテミスに変身しました。また、雲に変身したこともあります。

『レダと白鳥』（アントニオ・コレッジョ）。ゼウスは白鳥に化けてレダに近づき想いを遂げます。この密通の結果、レダは卵を産み、卵からはトロイア戦争の原因ともなる美しい娘ヘレネが生まれます。

Q5 ゼウスゆかりの地を教えて！

A ドドナの神託所がゼウス信仰の中心地でした。

最高神であるゼウスはギリシア全土で信仰されていましたが、とくに信仰の中心となったのはギリシア北西部のイピロスにあったドドナの神託所です。ここにはゼウスが祀られていて、神官たちはゼウスのシンボルとされる樫の木を使い、その葉のざわめく音を聞いて神託を下したと伝えられています。

Q6 ゼウスを讃えるお祭りってあったの？

A 古代オリンピックがそうです。

ギリシアの都市オリュンピアでは、紀元前8世紀頃から4年に1度、ゼウスを讃えるための競技大会が開かれていました。これは古代オリンピックと呼ばれ、現在のオリンピックの源流となったものです。オリンピックの開催期間中、ギリシア人は戦争を止め、祭りに参加するためにオリュンピアへと向かいました。

「古代オリュンピア聖域の復元想像図」。オリュンピアにある聖域には競技場があり、古代オリンピックはここで開催されました。

「ドドナ劇場のパノラマ。現代のドドニ村とトマロス山を背景に」（撮影：Onno Zweers）。現在ドドナの信託所は残っていませんが、同地は長らく神聖な地とされていました。手前に見えるのはドドナにあった劇場です。

★COLUMN★
現代に息づく
ギリシア神話②

近代オリンピック

古代オリンピックはギリシア全土がローマに征服されたあとも続きますが、西暦393年の第293回を最後に終焉します。現在のオリンピック（近代オリンピック）は、フランスのクーベルタンが古代オリンピックをもとに提唱し、夏季オリンピックの第1回は、1896年にギリシアのアテネで開催されました。

アメリカ・ジョージア州アトランタのセントラル・オリンピック公園にあるモニュメント「ゲートウェイ・オブ・ドリームス」（撮影：JJonahJackalope）。1996年に第26回オリンピックが開催された、アメリカ・アトランタに立つクーベルタンの像。

Q ゼウスの奥さんは最終的に三行半を突きつけなかったの？

『ヘラとアルゴス』（ピーテル・パウル・ルーベンス）。ゼウスの命を受けたヘルメスに殺された百目の巨人アルゴス。ヘラはアルゴスの目を1つずつ孔雀の羽につけさせました。孔雀の羽の模様が目のように見えるのは、このせいだと言われています。

A ゼウスへの愛を貫き通しました。

ヘラはゼウスに何度浮気をされても、愛想を尽かすことがありませんでした。

結婚・母性・貞節を司る女神は、「神々の女王」でもありました。

女神たちの頂点にいるヘラは嫉妬深い性格で、
浮気ばかりしているゼウスにいつも怒り狂っていました。

Q1 ヘラとゼウスはどうやって結ばれたの？

A ゼウスが一目惚れし、カッコウに変身して迫りました。

ゼウスは掟の女神テミスと結婚していましたが、あるときヘラを見て、その美しさに心を奪われます。そこで、カッコウに変身することで彼女を油断させ、関係を迫りました。それに対しヘラは、正式に結婚するなら結ばれてもいいと条件を出します。こうしてゼウスは仕方なくテミスと離婚し、ヘラと結婚するのでした。

Q2 ヘラとゼウスはいつも仲が悪いの？

A 毎年、春の一定期間だけ仲直りをします。

ゼウスが浮気をしてばかりいるので、ヘラはいつも怒り狂っていました。しかし、毎年春になるとヘラは聖なる泉で沐浴し、1年間の苛立ちをすべて洗い流します。すると、彼女は美の女神アフロディテ以上に美しい女神になるため、このときばかりはゼウスもほかの女性には目もくれず、ヘラに夢中になったそうです。

「バルベリーニのヘラ」（バチカン美術館蔵）。ゼウスが迫ったとき、ヘラはかたくなに体を許そうとしませんでした。これは、ヘラが貞節を司る女神でもあったためです。

Q3 ヘラについてもっと教えて！

A 飛び散ったヘラの母乳が天の川になったと言われています。

英雄ヘラクレス（「ヘラの栄光」という意味）は乳飲み子の頃、眠っているヘラの母乳をこっそり飲みました。ですが、乳を吸う力があまりにも強かったため、痛みのあまり目を覚ましたヘラは赤ん坊のヘラクレスを突き飛ばしてしまいます。このとき飛び散ったヘラの母乳が夜空に輝く天の川になったと伝えられています。

『天の川の起源』（ティントレット）。英語で天の川を「Milky Way（ミルクの道）」というのも、この神話に由来しています。

★COLUMN★
ギリシア神話の舞台②

サモス島

ヘラは、エーゲ海の東部にあるサモス島で誕生したとされています。そのため、古代ギリシアではサモス島がヘラ信仰の中心地となっていました。ちなみに、ヘラとゼウスの結婚式も、このサモス島で行われ、その宴は300年間も続いたとも言われています。

エーゲ海東部、トルコ沿岸に位置するサモス島は、ピタゴラスやエピクロスが生まれた島としても有名です。

Q ギリシア神話で最大のスターと言えば?

『アポロンと大蛇ピュトン』（ピーテル・パウル・ルーベンスとコルネリス・ド・フォス）。アポロンがピュトンを退治した場面です。

A なんといっても、アポロンでしょう。

アポロンは若くて美しい神様。理知的で明るいギリシアの精神の象徴とされています。

光り輝く美青年アポロンは、神話でも大きな位置を占めます。

十二神の中でも重要な神様であるアポロンは、
ギリシア神話のさまざまなエピソードに登場します。
また、古代ギリシアでは広く信仰されていました。

Q1 アポロンってどんな神様なの？

A 芸術の神、弓矢の神、予言の神、太陽神……と、とても多面的です。

アポロンはまず、詩歌や音楽などの芸術の神とされています。ですが、同時に予言を下す神であり、羊飼いの守護神でもあり、光明の神でもあり、弓矢の神でもあり、医学の神でもありと、非常に多面的な役割を担っていました。紀元前５世紀頃からは太陽神ヘリオスとも同一視されるようになり、太陽神ともみなされるようになりました。

『詩人の霊感』（ニコラ・プッサン）。芸術の神アポロンとミューズが、右にいる詩人ホメロスにインスピレーションを与えるところが描かれています。

②Q アポロンはどうやって生まれたの？

A ヘラの目から逃れて、こっそり誕生しました。

アポロンはゼウスが女神レトと浮気をした結果できた子で、狩猟の女神アルテミスとは双子の関係にあります。ヘラはレトがゼウスの子を妊娠したことを知ると、すべての土地にレトが出産する場所を与えてはならないと命じました。

「キュントス山」（撮影：遠藤昂志）。レトは、デロス島にそびえるキュントス山で秘かにアポロンを生みました。このとき海神ポセイドンが、波で島を覆い隠したとも伝えられています。

③Q アポロンの有名なエピソードを教えて！

A ニンフのダフネとの話がよく知られています。

あるとき、アポロンはエロスを怒らせてしまい、愛情を芽生えさせる黄金の矢で射られてしまいました。それからエロスは、ニンフのダフネに愛情を拒絶させる鉛の矢を射ました。その結果、アポロンはダフネに愛情を抱きますが、ダフネはアポロンから逃げまわることになったのです。

「アポロンとダフネ」（ベルニーニ、撮影：Int3gr4te）。ついにアポロンに川岸に追い詰められたダフネが祈ると、彼女は月桂樹になってしまいました。以後、月桂樹はアポロンを象徴する植物となります。

★COLUMN★
現代に息づくギリシア神話③

ボクシング

アポロンはスポーツ万能の神様でもあり、ボクシングを創始したとも言われています。ボクシングは古代ギリシアでさかんに行われており、紀元前3000年頃のクレタ島の遺跡からは、ボクシングの様子が描かれた壺が出土しています。また、古代オリンピックでは第23回大会（紀元前688年）から正式種目とされていました。

「イタリア、ヴルチ出土のアンフォラ」（ミュンヘン古代美術博物館蔵）。古代ギリシアで行われたボクシングにはリングがなく、また体重別の階級やラウンドの概念もなかったと考えられています。

アポロンはどこで信仰されていたの？

A デルポイにアポロンの聖地があります。

中央ギリシアにそびえるパルナッソス山のふもとのデルポイ。ここにはアポロンの神託所があり、神のことば（予言）を求めてギリシア全土から多くの人々が訪れました。ギリシア神話の中の英雄たちも、困難にぶつかったときは、たびたびこの神託所を訪ねています。

『ポイボス・アポロン』（ギュスターヴ・モロー）。「ポイボス」はアポロンの別名で、「輝く者」「光明神」と訳されます。ホメロスの作品『イリアス』『オデュッセイア』では、「ポイボス・アポローン」という名前でしばしば登場します。

Q5 古代ギリシアには アポロンを讃える祭りもあったの？

A ピュティア大祭というお祭りがありました。

デルポイではアポロン神の祭儀であるピュティア大祭が開かれ、ギリシア全土から多くの人々が集いました。最初、この大祭は音楽と詩歌をアポロンに捧げる祭りとして８年に一度開かれていましたが、のちに体育競技が加えられ、４年ごとに開かれるようになります。

「アポロン神殿の遺構」（撮影：Skyring）。デルポイには、いまもアポロンの神殿の遺構が残されています。

★COLUMN★ ギリシア神話の舞台③

デルポイと「アテネ人の宝庫」

ギリシアの首都アテネの西北、パルナッソス山のふもとにあるデルポイは、世界遺産にもなっており、たくさんの観光客が訪れます。アポロン神殿の近くには、「アテネ人の宝庫」と呼ばれる戦利品などの保管庫が再建されています。

「アテネ人の宝庫」の壁には、テセウスとヘラクレスの冒険を描いたレリーフなどが見られます。

Q
ギリシアで最も愛された女神は誰？

『ミネルヴァ（アテナ）の誕生』（ルネ・アントワーヌ・ウアス）。アテナ（中央上）が頭痛に悩んでいたゼウスの頭から誕生する様子を、多くの神々が見守っています。

A
アテナでしょう。

アテナは知恵と戦いの女神。戦いの神様らしく、フル装備で生まれてきました。

知恵と戦いの女神は、ポリスを守る神でもありました。

アテナは、知恵や戦いを司るとともに、芸術や工芸の女神ともされています。
また、都市国家(ポリス)を守る女神であり、
その中心であったアテナイ(アテネ)はいまもギリシアの首都です。

Q1 アテナはどうやって生まれたの?

A ゼウスの頭の中から完全武装の姿で生まれました。

ゼウスは最初の妻であるメティスとのあいだに生まれる子に王位を奪われることを恐れ、妻が妊娠すると飲み込みます。しかし、胎児はゼウスの体のなかで成長を続け、激しい頭痛に襲われたゼウスが自分の頭を斧で割らせると、中から甲冑を身にまとう成人した姿のアテナが誕生しました。

『パラス・アテナ』(フランツ・フォン・シュトゥック)。アテナにはさまざまな別名があり、なかでも「パラス」という別名が有名です。ある神話によると、幼少の頃アテナはトリトンの娘パラスと一緒に育てられ無二の親友となりますが、ある時ケンカになってしまい、誤ってパラスを殺してしまいます。親友を殺してしまったことを悲しんだアテナは、それ以降「パラス・アテナ」と名乗るようになったそうです。

②Q アテナと、ギリシアの首都アテネは関係あるの？

A ポセイドンと争って アテナが手に入れた土地です。

現在のギリシア共和国の首都はアテネです。この地名は次のような神話に基づいています。あるときアテナとポセイドンがアッティカという土地を巡って争いました。互いに奇跡を起こして競いますが、この勝負はアテナの勝利に終わりました。こうして土地がアテナのものになったことで、そこにアテナイという都市が築かれ、これがいまのアテネの礎となりました。

『ポセイドンとアテナイの所有権を争ったアテナ』（ガロファロ）。アテナは槍で地面を突いてオリーヴの木を生えさせ、人間にオリーブという素晴らしい贈り物をしたことで、ポセイドンとの争いに勝利します。

③Q アテナと仲の良い神様は誰？

A ヘラです。

アテナはとてもプライドが高く、とても気の強い女神です。しかし、ヘラとだけは気が合いました。トロイア戦争ではヘラと協力してトロイアを滅ぼそうとしましたし、ほかにも何度もヘラを手助けしています。アテナは神々の女王ヘラに一目置き、ヘラのほうもゼウスが愛人に生ませたのではなく、形式的にはゼウスがひとりで生んだアテナだからこそ寛容だったのかもしれません。

★COLUMN★
ギリシア神話の舞台④

パルテノン神殿

いまもアテネのアクロポリスに残るパルテノン神殿は、アテナイの守護神であるアテナを祀った神殿です。後代、アテナイがアレクサンドロス率いるマケドニアやローマ、さらにオスマン・トルコの支配下におかれ、さらにキリスト教の教会やイスラームのモスク、弾薬の貯蔵庫などにされ、部分的には破壊されますが、現在も威容を誇っています。

パルテノン神殿を含むアクロポリスは、慎重な補修作業を施されながら、なお世界遺産として人気を集めています。

Q

ギリシア神話の
美の女神と言えば？

「化粧するヴィーナス」（フォンテーヌブロー派）。浴槽から出たアフロディテ（ヴィーナス）が鏡を見ながら身支度中。香油の壷を捧げているのは愛の神エロス（キューピッド）、侍女として控えているのが三美神のひとりです。

A
アフロディテでしょう。

アフロディテ（アプロティテ）はローマ神話のウェヌスに相当し、英語ではヴィーナスといいます。そのイメージどおり、美の女神とされています。

愛と美と性を司る女神は、男性関係も奔放でした。

神話の中で、アフロディテはもっとも美しい女神です。
その魅力の前には、神様だろうと人間だろうと、
すべての男性は逆らえませんでした。

Q1 アフロディテはどうやって生まれたの？

A 切り落とされたウラノスの男性器から誕生しました。

アフロディテは、クロノスによって切り落とされたウラノスの男性器にまとわりついた泡から生まれたというのが通説です。その後、季節の女神ホーラが彼女を発見してオリュンポス山に連れて行きますが、出自のわからないアフロディテを神々ははじめ警戒しました。ですが、あまりの美しさに心を奪われ、仲間に加えたと伝えられています。

「ミロのヴィーナス」(撮影:Livioandronico2013)。ルーヴル美術館にある有名な「ミロのヴィーナス」も、アフロディテの像だと考えられています。「ミロ」は、この像がみつかったミロス島を意味します。

Q2 美の女神に夫はいたの？

A 醜い外見のヘパイストスが夫でした。

女神の中でももっとも美しいと言われるアロフディテの夫は、醜い外見をした鍛冶の神ヘパイストスです。これはゼウスが一方的に決めたもので、アロフディテは納得していませんでした。ただ、この不釣り合いな結婚の裏には、ゼウスがアロフディテに手を出さないようにするというヘラの計略があったとも言われています。

『ヴィーナスとウルカヌス』（フランソワ・ブーシェ）。ウルカヌスはヘパイストスと同一視されるローマ神話の神です。左に座るウルカヌス（ヘパイストス）も右のヴィーナス（アフロディテ）も互いを見ていますが、その目はどこか虚ろに見えます。

Q3 アフロディテには たくさんの愛人がいたの？

A 神様や人間の愛人が何人もいました。

形式的にヘパイストスと結婚したものの、不満だったアフロディテは夫を相手にしませんでした。そのうえ、もともと性に奔放な女神であったため、次々と浮気を繰り返します。浮気相手は、軍神アレスのほかに人間の若者であるアドニスやアンキセスなど、さまざまでした。しかし、彼女の愛人となった男たちは、たいてい悲惨な目に遭います。

『ヴィーナスとアンキセス』（ウィリアム・ブレイク・リッチモンド）。アンキセスに一目惚れしたアフロディテは、神の姿を隠して接近します。アンキセスは愛欲に負けてアフロディテと一夜をともにしました。

Q4 アフロディテと愛人の エピソードで有名なのは？

A 美少年アドニスの話がよく知られています。

フェニキア王の子アドニスは美少年で、アフロディテは彼に恋をします。しかし冥府の女王ペルセポネもアドニスに心を奪われたため、女神たちはアドニスを巡って争い、この恋のさや当てはアフロディテの勝利に終わります。これに腹を立てたペルセポネは、アフロディテの愛人だった軍神アレスをそそのかし、アドニスを殺させてしまいました。

『ヴィーナスとアドニス』（ピーテル・パウル・ルーベンス）。アレスによって殺されたアドニスの遺体から流れる血から、アネモネの花が咲いたとも伝えられています。

Q5 アフロディテに子どもはいたの?

A エロスはアレスとのあいだの子とも言われています。

恋心と性愛を司る神であるエロスは、ガイアやタルタロスと同じようにカオスから生まれた原初の神であるとする説がある一方で、アフロディテとアレスのあいだに生まれたという説もあります。

『アモルとプシュケ』(フランソワ=エドゥアール・ピコ)。エロスというと羽の生えた子どものイメージが強いですが、古代ギリシアでは有翼の凛々しい青年の姿をしていると考えられていました。

Q6 アフロディテについてもっと教えて！

A 原型は、古代オリエント神話の女神とも言われています。

アフロディテの起源は、シュメール神話のイナンナやメソポタミア神話のイシュタルなど、古代オリエント神話における豊穣と多産の女神だと言われています。古代オリエント神話の女神が次第にギリシアでも信仰されるようになり、アフロディテになったと考えられているのです。

大英博物館が所蔵する「バーニーの浮彫」は、紀元前19～18世紀の製作とみられるイシュタルあるいはエレシュキガル（メソポタミア神話に登場する冥界の女神）とされる有翼裸体の女神のレリーフです。

★COLUMN★
ギリシア神話の舞台⑤

キプロス島

アフロディテが生まれたのは、シリア沿岸にあるキプロス島だとされています。有名なボッティチェリの「ヴィーナスの誕生」の舞台も、このキプロス島だったかもしれません。キプロス島は古代オリエント文化圏内にあり、そのこともアフロディテが東方起源の女神であることを示しています。

海の泡から生まれたアフロディテは、キプロス島のペトラ・トゥ・ロミウ海岸にある岩に流れ着いたと言い伝えられています。

『アレス』（ディエゴ・ベラスケス）。疲れた中年男の姿で描かれた軍神アレスは、作者であるベラスケス自身の姿を投影したものとも言われています。

戦争を司る荒々しい神様は、あまり人気がありませんでした。

アレスは軍神でありながらも、
人間に負けたり、
浮気の現場を押さえられたりするなど、
かっこ悪いエピソードで知られています。

Q1 アレスが不人気だったのはなぜ？

A 乱暴者だったからです。

勇ましい戦いの神で、オリュンポスの男神の中でも1、2を争うほどの美貌を持っているとされるアレスですが、古代ギリシアでは人気がありませんでした。戦争による破壊の象徴であり、血生臭い残忍さが嫌われたのです。しかし、ローマ神話に取り込まれて名前がマルスに変わると、ローマではとくに人気の軍神となります。

Q2 アレスはどのくらい強いの？

A 神様どころか人間にもたびたび負けています。

軍神でありながら、同じく戦争を司る女神であるアテナには一回も勝ったことがありません。アポロンとボクシングの試合をしたこともありますが、打ちのめされています。さらに、巨人の兄弟に敗れて壺の中に13か月間も閉じ込められていたこともありますし、人間の英雄であるヘラクレスやディオメデスにも勝てませんでした。

『平和と戦争の寓意』(ピーテル・パウル・ルーベンス)。右上にいるアレス（マルス）は、その横で兜をかぶったアテナ（ミネルヴァ）によって打ち負かされ情けない顔をしています。アテナによって世界の平和が保たれていることがわかります。

Q3 アレスに関するいいエピソードはないの？

A 娘のために海神ポセイドンに立ち向かいました。

あるとき、アレスの娘であるアルキッペが海神ポセイドンの息子であるハリロティオスに無理やり犯されてしまいます。これに激怒したアレスはハリロティオースを殺しますが、今度はポセイドンが怒り、アレスを神々の裁判にかけるよう主張しました。この世界初の裁判でアレスは堂々と戦い、無罪を勝ち取ったのです。

Q
怒らせてはいけない神様と言えば?

『野原にあるアルテミス』（ルイ・ミシェル・ヴァン・ロー）。アルテミスの清純さが伝わってくる作品ですが、足元には弓矢が。狩猟の女神だけに、弓矢を片時も離しません。

A

アルテミスを怒らせてはいけません。

狩猟と貞潔の女神アルテミスは、カッとすると矢を放ちます。

アルテミスは、ギリシア神話でも随一のわがままお転婆娘です。

ゼウスに溺愛されて育ったアルテミスは、とてもわがままな性格でした。
しかしそんな彼女にも、悲恋の物語があります。

Q1 ゼウスのアルテミス溺愛エピソードを教えて！

A 10のお願いすべてを聞き入れました。

一説に、アルテミスはゼウスとレトのあいだに生まれた女神で、アポロンとは双子の関係です。ゼウスはアルテミスを目に入れても痛くないほど可愛がり、どんなわがままでも聞きました。３歳のとき、アルテミスは父に10個のお願いをしますが、ゼウスはそれをすべて聞き入れてしまいます。

アルテミスがゼウスにねだった「10個のお願い」

永遠に処女でいたい！	野生の獣を狩る権利がほしい！
アポロンより多くの名前がほしい！	オケアノスの娘60人を従者にほしい！
アポロンと同じような弓矢がほしい！	全員9歳の侍女も20人ほしい！
自分の特性を示すものとして多くの松明がほしい！	ギリシアの山がほしい！
刺繍の入った膝丈のチュニックをはきたい！	都市もひとつほしい！

Q2 アルテミスはどんな性格なの？

A 気が強く、潔癖症です。

アルテミスは気が強く、自身の処女性に強いこだわりをもっていました。そのため、侍女のカリストがゼウスと交わったことを知ると、カリストを熊に変え、さらに彼女の息子に射殺させてしまいます。

『ディアナの水浴』（フランソワ・クルーエ）。あるときアルテミス（ディアナ）は、侍女たちに囲まれながら森の中の泉で水浴びをします。その裸を見てしまった狩人のアクタイオンは、アルテミスの怒りに触れて殺されます。この絵では、アクタイオンが犬に八つ裂きにされた牡鹿の姿（右奥）で描かれています。

『アルテミスと死せるオリオン』（ダニエル・ザイター）。アポロンは、逃げるオリオンを指差しながらアルテミスに「弓の達人である君にも、遠くに光るあれに当てることはできないだろう」と挑発します。それがオリオンだと気付かないアルテミスは弓を引き、恋人であるオリオンに命中させてしまうのです。

Q③ アルテミスに恋人はいなかったの？

A いましたが、兄アポロンの計略で悲劇に終わります。

容易には男性を近づけなかったアルテミスですが、ポセイドンの息子であるオリオンと恋仲になったことがあります。しかし、妹の処女性が失われることを嫌った兄アポロンの計略により、この恋はアルテミスが誤ってオリオンを弓矢で射殺してしまうという悲劇に終わりました。

★COLUMN★
ギリシア神話の舞台⑥

エペソス

トルコ西部にあった古代の商業都市エペソスが、アルテミス信仰の中心地でした。この地にあったアルテミス神殿は、その壮麗さで古代ギリシア世界において広く知られていました。現在、神殿はわずかな遺構しか残っていませんが、当時祀られていたアルテミス像はいまも現存しています。

「エペソスの女神」（撮影:Dorieo21）。胸部の外衣から、「数多くの乳房を持つ豊穣の女神」として知られています。

「ポセイドン像」(作者不明、撮影:Ricardo André Frantz)。ポセイドンは筋骨隆々とした肉体が特徴的です。

荒ぶる海を象徴する海神は、船乗りに畏敬されていました。

ポセイドンは世界中の海を支配していました。
そして、航海者たちの守り手でもありました。

「ポセイドンの青銅像」（撮影：Ryunpos）。ポセイドンは多くの場合、威厳ある壮年男性として描かれます。有名なこの像では、失われた三叉の矛を構えた姿で立っています。

Q1 ポセイドンは海だけを支配していたの？

A 大地も支配していました。

ポセイドンはすべての海を支配した神様ですが、愛用の武器である三叉の矛（トリアイナ）を使って自在に津波や地震を起こすことができ、大陸を沈めることもできるとされています。つまり、大地も支配していたのです。ポセイドンの異名のひとつは「大地を揺らす神」です。

Q2 ポセイドンは恐ろしい神様なの？

A たびたび人間に罰を与えましたが、航海の安全も守ってくれます。

荒ぶる大海のような性格のポセイドンは、人間の傲慢さを許さず、何度も罰を与えました。美しさを自慢したエチオピア王妃のカシオペイアや、約束を守らなかったトロイア王ラオメドンには海の怪物を送り込みました。また、嵐や津波を起こして都市を襲わせることもあります。ただ、航海の安全を守ってくれる神様でもあるため、多くの船乗りに信仰されていました。

Q3 ポセイドンに恋人はいたの？

A 怪物メドゥーサは、かつての愛人でした。

頭髪が無数の毒蛇になっていて、見たものを石にしてしまう能力をもった恐ろしい女の怪物がメドゥーサです。しかし、彼女は最初から怪物だったわけではなく、もとは美しい少女でポセイドンの愛人でした。あるときメドゥーサはポセイドンとアテナの神殿で交わってしまい、そのことに怒ったアナテにより醜い怪物にされてしまったのです。

『メドゥーサの頭部』（ピーテル・パウル・ルーベンスとフランス・スナイデルス）。メドゥーサは、ペルセウスによって首を切られて息絶えます。ちなみに、翼の生えた馬であるペガサスは、ポセイドンとメドゥーサの子どもとも、首を切られたさいにあふれ出た血から生まれたとも言われています。

『メルクリウス』（ヘンドリック・ホルツィウス）。翼のついた帽子（兜）がヘルメスのトレードマークです。

伝令の神ヘルメスは、ゼウスの手足となって活躍します。

密かなメッセンジャーとなったり、こっそり忍び込んだりと、
ヘルメスはゼウスのために何度も働きました。

オリュンポスでの神々の会議を描いたアンフォラ（陶器の器）の一部。ヘルメス（左）とその母マイア（右）が描かれています。

Q1 ヘルメスはなんでゼウスに忠実なの？

A そのためにゼウスが作った子どもだからです。

伝令の神ヘルメスは神話のなかで、たびたびゼウスの忠実な使者として活躍しています。ヘルメスは、ゼウスが最初から自分に忠実な伝令を作る目的で女神マイアに生ませた神様でした。ゼウスはヘルメスに対して、ヘラに気づかれないよう夜中にこっそり抜け出してマイアに会いに行ったことで泥棒の才能を、その事実をヘラに隠し通すことで嘘の才能を与えたとされています。

ヘルメスがアルゴスを眠らせたシーンを描いた挿絵（ユリウス・シュノル・フォン・カロルスフェルト）。ヘルメスは葦笛の音でアルゴスのすべての目を眠らせ、そのすきに巨人の首をはね、牝牛に姿を変えられていたイオを取り戻しました。

Q2 ヘルメスのエピソードでいちばん有名なのは？

A 百の目をもつ巨人アルゴス殺しです。

ゼウスがイオという女性と浮気をしたとき、それに気づいたヘラはイオを捕えて巨人アルゴスに見張らせます。アルゴスは全身に百の目をもっていて、一日中どれかの目は開いているため侵入者を見逃すことはありません。しかし、ゼウスの命を受けたヘルメスは、アルゴスを退治して、イオを奪還しました。

Q3 ヘルメスにも愛人はいたの？

A アフロディテに一度振られましたが、策略を用いて関係を結びました。

あるとき、ヘルメスはアフロディテを口説こうとしましたが、相手にしてもらえませんでした。そこでヘルメスは、彼女が大切にしていた黄金のサンダルを盗みだし、それを返すことを条件に関係を結びました。ヘルメスとアフロディテのあいだには、ヘルマプロディトスとプリアポスという二柱の神様が生まれたとも伝えられています。

『眠れるヘルマプロディトス』（ジャン・ロレンツォ・ベルニーニ）。ルーヴル美術館で展示されているヘルマプロディトスは、両性具有の姿で描かれています。

Q
ギリシア神話に職人気質の神様っている?

『ヘパイストスからアキレウスの武具を受け取るテティス』（アンソニー・ヴァン・ダイク）。ヘパイストスがアキレウスのための武具を彼の母であるテティスに渡す場面です。

A
技術力でヘパイストスの右に出る者はいません。

ヘパイストス（左端）は海の底の洞窟で暮らしているときに、どんなものでも作れる力を獲得。武具などをたくさん製造しました。

鍛冶の神であるヘパイストスは、多くの道具を作りました。

ヘパイストスは母からも妻からも嫌われていました。
しかし発明の才能は、
神々のなかでもいちばんでした。

Q1 ヘパイストスはなんで母親に嫌われていたの？

A 醜かったからです。

ヘパイストスはゼウスとヘラのあいだに生まれた第一子です。しかし、その姿が醜く、足が不自由だったため、生まれてすぐにヘラによって海に捨てられました。ヘパイストスは別の神様に育てられ、のちにオリュンポスへ帰還しましたが、ヘラは彼をなかなか実子とは認めませんでした。

ルーヴル美術館所蔵のヘパイストス像。ヘパイストスは、絵画や彫像では座った姿で描かれることが一般的です。

Q2 ヘパイストスはどんなものを作ったの？

A 神々の武器から人造人間まで、さまざまです。

鍛冶の神であるヘパイストスは、さまざまな魔法の道具や武器を作りました。自分がヘラに実子であることを認めさせるため、一度座ると身動きがとれなくなる黄金の椅子に彼女を座らせて脅かしたこともあります。ほかにも、ゼウスの盾であるアイギスやアポロンとアルテミスの矢、英雄アキレウスの武具一式、美女パンドラや青銅の巨人タロスなども、ヘパイストスの手によるものとされます。

クレタ島の銀貨に描かれた、有翼のタロス。右手には石を握りしめています。

3Q 妻のアフロディテに浮気されたとき、ヘパイストスはどうしたの？

A 魔法の道具を作って復讐しました。

ヘパイストスは美しいアフロディテを妻にしますが、彼女は軍神アレスと浮気をしていました。それを知ったヘパイストスは見えない魔法の網を作り出し、こっそり寝室に仕掛けてから何食わぬ顔で出かけました。夫のいないすきにアフロディテはアレスを寝室に誘いますが、その途端、二柱の神様は裸のまま網に捉われ、身動きができなくなったのです。

『ヘパイストス、アレスとアフロディテ』（マールテン・ファン・ヘームスケルク）。寝室に戻ってきたヘパイストスは多くの神を呼び寄せて、妻とアレスの密通現場を見せ物にし、笑いものにしたと言います。

4Q ヘパイストスについて、もっと教えて！

A 処女のアテナに無理やり迫って子どもを作りました。

妻のアフロディテに相手にされないヘパイストスは、処女神のアテナに迫ったことがあります。拒絶するアテナを追い回したヘパイストスは、彼女の足に精液をかけます。慌てたアテナが羊毛で精子をふき取り大地に投げ捨てると、そこから上半身が人間で下半身が蛇の姿をしたエリクトニオスが誕生しました。

『エリクトニオスの発見』（ピーテル・パウル・ルーベンス）。エリクトニオスは蛇の尾の両脚を持った赤子の姿で描かれています。

『ケレス』（アントワーヌ・ヴァトー）。穀物の冠や小麦の束などが豊穣をもたらす秋（収穫）の女神デメテル（ケレス）のシンボルです。

豊穣の女神デメテルは、穀物の実りをもたらしました。

デメテルは、人間に穀物の栽培を教えてくれました。
彼女の娘が姿を消しているあいだ、地上は冬となり、植物は育ちません。

Q1 デメテルは、どんな性格だったの？

A 普段は温厚ですが、怒らせると怖いです。

穀物の実りをもたらす豊穣神デメテルは、気の強い女神が多いギリシア神話のなかでは、温厚な性格の持ち主とされています。人間に穀物の栽培を教えたとされているので、その点でも親しみやすく、ありがたい存在です。

ローマ国立博物館所蔵のデメテル像。温厚なデメテルですが、テッサリア王が屋敷を増築するために彼女の森の木を伐採した際は、王に「飢餓」を遣わし、いくら食べても腹が満たされないようにして、最後には王が自分の体を貪り食うようにして死に追いやったという怖い面ももっています。

Q2 デメテルの娘が姿を消すと冬になるって、どういうこと？

A 娘が冥界で暮らすことで、離れ離れになるからです。

あるとき、デメテルの娘であるペルセポネは、ゼウスの兄で冥府の王ハデスにさらわれます。デメテルは苦労の末、娘を取り戻しますが、ペルセポネは冥府の食べ物を食べたため、1年のうち一定期間は冥府で暮らさなければならなくなります。娘と離ればなれになる時期、デメテルは悲しみのあまり穀物に実りをもたらすのをやめるようになりました。これが冬の始まりとされています。

『ペルセポネ（プロセルピナ）の誘拐』（レンブラント・ファン・レイン）。野原でニンフたちと花を摘んでいたペルセポネは、ひときわ美しい水仙の花を摘もうします。その瞬間、急に大地が裂けて馬に乗ったハデスが現れ、彼女は捕らえられてしまいます。

Q3 デメテルについて、もっと教えて！

A 馬の誕生にも関係があると言われています。

兄弟のポセイドンに求愛されたデメテルは、自分にもっとも美しい陸上の生物を贈るよう告げました。そこで、ポセイドンが創りだしたのが馬だとされているのです。

Q ギリシア神話にも地獄はあるの？

『冥界の風景』（モンス・デジデリオ）。幻想的、近未来的な雰囲気で描かれた冥府。左下に見えるのが冥府の王ハデスと女王ペルセポネです。

A 地獄という観念はありませんが、ハデスが支配する地下世界「冥府」があります。

冥府には多くの死者がやってきます。

冥府を支配するハデスは、じつはかわいらしい神様です。

地底の冥府で暮らし、
死者の魂を管理しているハデス。
ところが、ハデスは内気な性格で、
女性には奥手な一面がありました。

Q1 ハデスもオリュンポス十二神？

A 冥府で暮らしているので、十二神には含まれません。

ハデスはクロノスとレアのあいだに生まれた最初の男性神で、生まれた順番で言えばゼウスやポセイドンの兄になります。神様の格としても、ゼウスとポセイドンと同格と見なされています。しかし、くじびきで地底の冥府を支配することに決まり、オリュンポス山で暮らしていないため、一般的にはオリュンポス十二神には含まれません。

Q2 女性に奥手なエピソードを教えて！

A ペルセポネの誘拐がまさにそうです。

暗い冥府を支配地として割り当てられ、ほかの神々とも離れて暮らしているためか、ハデスは少し内気な性格で、女性に対して奥手です。デメテルの娘ペルセポネに恋をしたときも、どうアプローチしていいか悩んだあげく誘拐してしまいます。しかし、冥府にさらってきても強引に迫ることができず、地上を恋しがって泣くペルセポネを前に、おろおろするばかりでした。

『オルフェウスとエウリュディケ』（ピーテル・パウル・ルーベンス）。「冥府下り」のエピソードとして有名なオルフェウスと妻エウリュディケの物語には、ハデスが冥府の王として登場します。玉座に座るハデスの隣にいる女性がペルセポネです。

3Q ハデスは浮気をしなかったの？

A 回数は少ないですが、しなかったわけではありません。

女性に対して奥手なハデスですが、まったく浮気をしなかったわけではありません。たとえば、美しいニンフのメンテに惚れてしまったことがあります。ただ、このときは妻となっていたペルセポネにすぐ気づかれてしまいました。

このとき、嫉妬に狂ったペルセポネがメンテに対して「お前など雑草になってしまえ」と踏みつけて呪いをかけると、メンテは草になってしまったと言います。以後、この草はミントと呼ばれるようになりました。

4Q ハデスに仲の良い神様はいるの？

A 軍神アレスとは良好な関係だったようです。

冥府で妻と２人きりで暮らしているハデスは、ほかの神々との交流があまりありません。ですが、軍神アレスが戦争を起こすと死者が出て冥府の住人が増えるため、アレスとはそれなりに仲が良かったようです。

★COLUMN★
現代に息づくギリシア神話④

聖書における「ハデス」

新約聖書において、ハデスは神様の名ではなく、死者が行く死後の世界のことを意味し、日本語では「陰府」「冥府」「黄泉」などと訳されます。この言葉の解釈にはさまざまな説がありますが、キリスト教がいう地獄とは異なり、肉体的な死と神の最後の審判との間の状態と考えられます。

ハデスはローマ神話では「プルート」と呼ばれます。このプルートの名のついた冥王星は、2006年までは太陽系の９番目の惑星とされていました。

『ヘスティア』（フランシスコ・デ・ゴヤ）。ローマの人々が竈の女神ヘスティア（左）に生贄を捧げている場面です。

竈(かまど)の神であるヘスティアは、とても家庭的な女神でした。

家の中から動くことのないヘスティアは
ギリシア神話の物語ではあまり活躍しませんが、
クロノスの長女であり、ゼウスの姉にあたります。

Q1 ヘスティアはオリュンポス十二神に入っているの？

A 入っていたり、いなかったりします。

竈の女神であるヘスティアは、オリュンポス十二神の１柱に数えられることが多いですが、彼女のかわりに酒と酩酊の神ディオニュソスが入ることもあります。これは、甥であるディオニュソスが十二神に入れないことを嘆いているのを見たヘスティアが、憐れんで譲ったという神話があるためです。

紀元前１世紀から紀元後１世紀頃のものと思われるレリーフの断片に、オリュンポス十二神が描かれています。ここではヘスティアはもっとも左端に配されています。

Q2 神話の中であまり目立たないのはなぜ？

A つねに竈の前から離れられないからです。

古代ギリシアにおいて、竈は家の中心に置かれるのが一般的でした。ヘスティアはその竈の女神であるため、家の中から動くことができないとされています。それゆえ、ティタノマキアやギガントマキア、トロイア戦争など、神々にとって重要な戦いにも参加することなく、神話にあまり出てくることはありません。

★COLUMN★ ギリシア神話の舞台⑦

プリュタネイオン

古代ギリシアのどの都市国家（ポリス）も、公的行事の中心地としてプリュタネイオンという建物がありました。その中央の広間にはヘスティアを祀る祭壇があり、その炉にはつねに火が灯されていたと言います。

「紀元前２世紀に造られたパンティカパイオンのプリュタネイオン」（撮影：Derevyagin Igor）。クリミア半島にあった古代ギリシアの植民都市であるパンティカパイオンには、プリュタネイオンの遺跡がいまも残ります。背景にはミトリダテ山の栄光オベリスクが見られます。

Q

アルコール中毒の神様がいるってホント?

『バッカスの勝利』（ディエゴ・ベラスケス）。ディオニュソスが酒宴に集まった農民たちに対して、葡萄の葉を冠しています。

A

酒乱ではありませんが、酒の神ディオニュソスがいます。

ディオニュソスは酒が大好き。葡萄の栽培法と葡萄酒の製造法を生み出しました。

酒と酩酊の神ディオニュソスは、ギリシア神話のトリックスター。

半神半人の身でありながら、自らの力でオリュンポスの神となったディオニュソスは、「狂気」ととても縁の深い神様です。

Q1 ディオニュソスの生い立ちを教えて!

A 幼少期は悲惨でした。

ディオニュソスはゼウスとテーバイ王の娘セメレとのあいだに生まれた子です。しかし、セメレは光り輝くゼウスの姿を直接目にしたことで焼死。生まれたディオニュソスは母の妹夫婦によって育てられました。しかし嫉妬に燃えたヘラはディオニュソスの育ての親を狂わせて破滅させ、さらにディオニュソス自身も狂気に陥らせてしまいます。

『ゼウスの雷光にうたれるセメレ』(ギュスターヴ・モロー)。別の説では、ヘラは身重となったセメレに近づき、「おなかの赤ちゃんの父親は、化け物が化けているのかもしれない。父親に本当の身分を明かすように言いなさい」とそそのかします。その通りに迫ったセメレに対し、ゼウスは人間ではなく神の姿を見せますが、ゼウスのまとった雷火によってセメレは焼け死んだともされます。

Q2 ディオニュソスは最初から神様だったの?

A 自分の力で信者を集めて神様になりました。

半神半人であるディオニュソスは、はじめ神様としては認められていませんでした。ですが、ギリシア、エジプト、シリアなどを放浪しながら、人間たちを狂わせたり、動物に変えたりするといった力を示して信者を増やしていきました。そして、多くの熱狂的な信者を集めたことと冥府から母セメレを救いだしたことにより、酒と酩酊の神として晴れて神々の仲間入りをしたのです。

『バッカスへの供犠』(マッシモ・スタンツィオーネ)。ディオニュソスの信者たちは、踊り狂いながら彼につき従ったと言います。

Q3 酒と酩酊の神と言われるのはなぜ？

A ワインの作り方を人間に教えたからです。

ディオニュソスがアテナイ近くで暮らす農夫に、ブドウの栽培とワインの製法を伝えたという神話があり、これがワインの始まりとされます。その農夫が村人にワインを振る舞ったところ、「酔い」を知らなかった村人たちは毒を飲ませたと勘違いし、農夫を殺してしまいました。それを知ったディオニュソスは怒り、村の娘全員を狂気に陥らせ、自殺させてしまったそうです。

のちの西洋美術に大きな影響を与えた、ルネサンス期の芸術家ミケランジェロが制作したこのバッカス（ディオニュソス）像は、ワインに酩酊した姿を描いたもので、とても人間的です。

Q4 ディオニュソスを讃えるお祭りってある？

A ディオニュシア祭がそうです。

古代ギリシアでは、毎年春に各地の都市でディオニュソスを讃えるディオニュシア祭が開かれていました。祭りでは悲劇が演じられるのが恒例となっており、現在残っているギリシア悲劇のほとんどは、この祭りで演じられたものと考えられています。

「アテネにあるディオニュソス劇場」（撮影:遠藤昂志）。アテナイに残るディオニュソス劇場は、ディオニュシア祭で演じられる悲劇を上演するために用いられました。

「フローラに扮したサスキア」（レンブラント・ファン・レイン）。ギリシア神話には花の女神クロリスが登場します。ローマ神話ではフローラといい、植物を開花させる女神です。光の魔術師と呼ばれるレンブラントは愛妻サスキアをモデルに美の女神フローラを描きました。

ギリシア神話には、まだまだ多くの神様がいます。

太陽の運行を司る神や天空を支えている神、
花の女神など、ギリシア神話には、
ほかにも数多くの個性的な神様が登場します。

「セーチューニ温泉のホールに描かれたヘリオス」（撮影：Zairon）。ハンガリーの首都ブダペストにある、ヨーロッパ最大とも言われるセーチェーニ温泉のホールの丸天井に描かれているヘリオスです。

Q1 ギリシア神話の太陽神は？

A ヘリオスという神様です。

ヘリオスはギリシア神話における太陽神です。古代ギリシアの人々は、太陽は天空を駆けるヘリオスの４頭立ての馬車だと考えていました。ただ、のちにヘリオスはアポロンと同一視されてしまうため、神話の中ではいまひとつ影が薄くなっています。

Q2 ギリシア神話にも、あの世とこの世の境目ってあるの？

『ステュクス川を渡るカロン』（ヨアヒム・パティニール）。カロンが死者を乗せてステュクス川を渡っています。

A カロンという渡し守がいる冥府の川は、三途の川のような存在です。

三途の川は仏教に由来する、あの世とこの世を隔てる川です。ギリシア神話にもステュクス（憎悪）、あるいはアケローン（悲嘆）という河川が生者の世界と死者の世界のあいだを流れているとされ、カロンという神様がその河で渡し守をしていると考えられていました。カロンは、世界の創生期に誕生した神様であるエレボス（闇）とニュクス（夜）の息子です。

Q3 神様になった人間もいるの？

A 医神アスクレピオスは、もとは半神半人でした。

アスクレピオスはアポロンと人間の女性のあいだに生まれた半神半人です。成長すると医術の才能を発揮し、ついには死者さえも蘇らせることができるようになります。しかし、ハデスが冥府から死者が呼び戻されることを嫌い、またゼウスも人間が生命を自由にできることを望まなかったため、ゼウスによって殺されました。死後、その功績が認められて神様の一員になったそうです。

アスクレピオスの像（撮影：Michael F. Mehnert）。左手に持つ蛇が巻きついた杖（アスクレピオスの杖）は、「医学の象徴」として現代でも用いられています。

特集

ギリシア神話で楽しむ 惑星・衛星・星座

ギリシア神話と太陽系の惑星

私たちが暮らす太陽系の惑星・衛星、さらに夜空を彩る星座は、その多くがギリシア神話に由来する名前がつけられています。ここでは、夜空の星々をギリシア神話とからめて見てみましょう。

水星 *Mercury*

太陽にもっとも近い惑星である水星は、英語で「マーキュリー」と言いますが、これはギリシア神話のヘルメスに相当します。

地球 *Earth*

地球は英語で「アース」ですが、地球全体をひとつの有機生命体としてみるときは「ガイア」と呼ばれることもあります。この「ガイア」は、ギリシア神話のガイアによります。

太陽

金星 *Venus*

「明けの明星」「宵の明星」でおなじみの金星は、英語で「ヴィーナス」。これはローマ神話のウェヌス、ギリシア神話のアフロディテのことです。

土星
Saturn

巨大な輪をもつ土星は英語で「サターン」。「悪魔」という意味の「サタン(Satan)」とは綴りも語源も異なり、これはギリシア神話におけるゼウスの父、クロノスにあたります。

木星
Jupiter

太陽系で最大の惑星である木星は英語で「ジュピター」です。ジュピターはローマ神話のユピテル、ギリシア神話では主神ゼウスに相当します。

海王星
Neptune

太陽系のもっとも外側を回る青色の海王星は、英語では「ネプチューン」です。これは、ゼウスの兄で海を司るポセイドンと同一視されたローマ神話の海神ネプトゥヌスに由来します。

火星
Mars

有人探査の実現が待たれる地球のお隣の星、火星は英語で「マース」。これはギリシア神話の軍神アレスのに対応するローマ神話の軍神マルスの訳語です。

天王星
Uranus

自転軸が公転面から90度以上傾き、まるで横倒しになっていることで有名な天王星は英語で「ウラヌス」。これはギリシア神話のウラノス、つまりクロノスの父に相当します。

ギリシア神話と太陽系の衛星

ギリシア神話の神様の名は、太陽系の惑星だけでなく、その惑星の周りを回る衛星にもつけられていることがあります。その場合、惑星の名前に関連した神様や人間などの名前が選ばれます。

火星の衛星

軍神アレス（ローマ神話のマルス）の名をもつ火星には、フォボスとダイモスという2つの衛星があります。衛星の名前の由来となったのは、アレスとアフロディテのあいだに生まれた狼狽の神ポボスと恐怖の神デイモスの兄弟です。フォボスは衛星としては珍しい軌道を描いているため、かつては人工物ではないかという説も唱えられていました。

左から火星・フォボス・ダイモス（画像提供:NASA）。

木星の衛星

ゼウス（ローマ神話のユピテル）の名を冠せられた木星の衛星のなかでも、とくに大きいイオ、エウロパ、ガニメデ、カリストの4つは「ガリレオ衛星」と呼ばれていて、どれもゼウスと関係の深い女性や美少年の名前がつけられています。ちなみに、ガニメデは水星よりも大きい、太陽系最大の衛星です。

左は木星で、茶色く見えるのは大赤斑です。衛星は上からイオ、エウロパ、ガニメデ、カリスト（画像提供:NASA）。

土星の衛星

ティタン神族の長であったクロノス（ローマ神話のサトゥルヌス）の名で呼ばれている土星。その衛星も、やはりティタン神族に関連した命名がされています。たとえば、土星最大の衛星であるタイタンは、そのままティタンからつけられました。また、スポンジのような特徴的な外見をしたヒュペリオン（ハイペリオン）も、ティタン神族の一員の名をつけたものです。

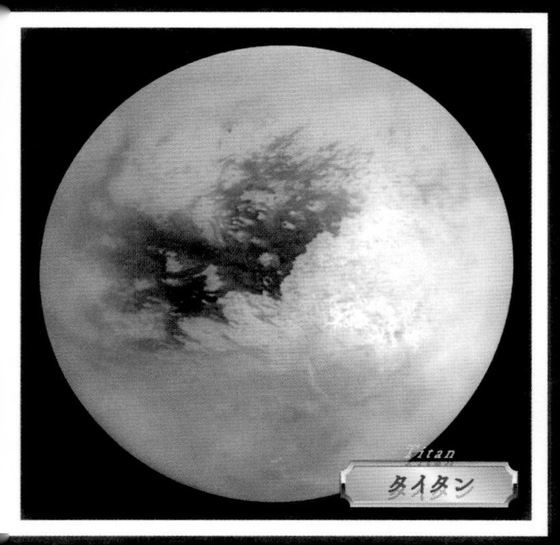

土星探査機カッシーニが撮影したタイタン。中央に広がる暗い地域はシャングリラと呼ばれます。

土星探査機カッシーニが撮影したヒュペリオン。球形でないため、不規則な自転をしています。

海王星の衛星

海王星はギリシア神話のポセイドン（ローマ神話のネプトゥヌス）から、その名がつけられています。全部で14個ある海王星の衛星のなかでも、もっとも大きいトリトンはポセイドンの息子の名前です。トリトンには窒素ガスを噴出する間欠泉があることや、薄い窒素の大気が存在していることが確認されています。

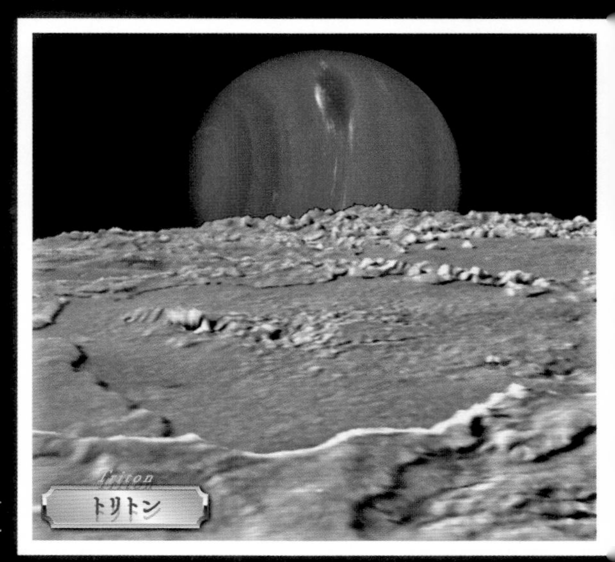

ボイジャー2号が撮影した画像を合成したもので、トリトンの地表から見た海王星をイメージしたものです。

春の星座より

おおぐま座・こぐま座

おおぐま座は、アルテミスの従者でありながらゼウスの子を身ごもり、そのことで熊に変えられてしまったカリストの神話に由来しています。こぐま座は、そのカリストの息子であるアルカスとも言われていますが、ゼウスを育てたニンフという説もあります。ちなみに、おおぐま座の腰から尻尾にあたる7つの星が北斗七星です。

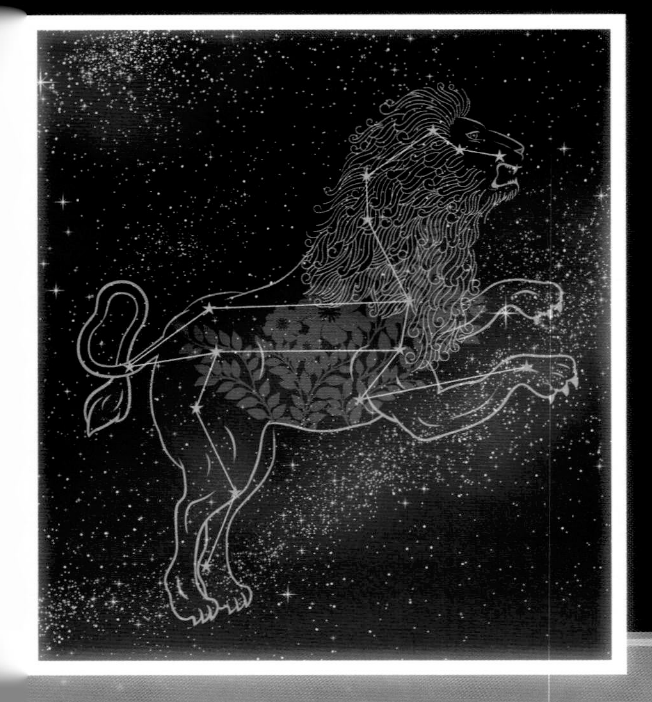

しし座

しし座は、ヘラクレスに退治されたネメアの獅子が死後、ゼウスによって「動物の王」として天に上げられ、星座になったものと伝えられています。そのしし座で、もっとも明るい恒星はレグルスです。また、毎年11月中頃に出現するしし座流星群は、しし座の方向から飛んできているように見えるため、その名で呼ばれています。

夏の星座より

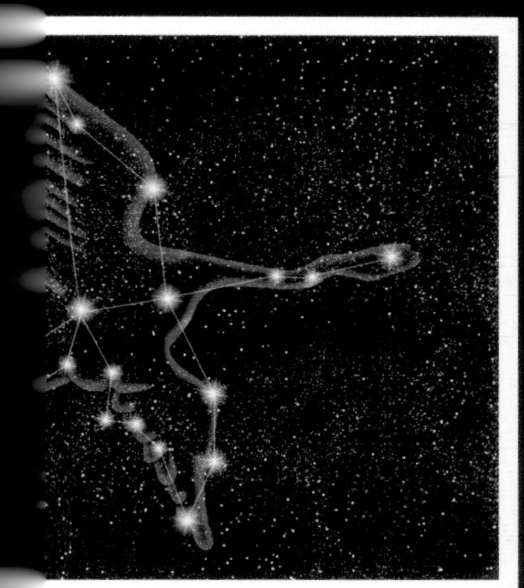

はくちょう座

はくちょう座は、ゼウスが女神ネメシスに迫った際、白鳥に姿を変えたという神話が由来となっています。ネメシスは「神の憤りと罰」を司る女神です。この星座は十字の形に星が並んでいることから、北十字星とも呼ばれています。また、はくちょう座X-1という星はブラックホールではないかと考えられています。

さそり座は、アポロンが妹アルテミスの恋愛を邪魔しようと、オリオンを襲わせたさそりだとされています。いまでもオリオンはさそりを恐れていて、そのため東の空からさそり座が現れるとオリオン座は西の地平線に逃げ隠れ、さそり座が西の地平線に沈むとオリオン座は安心して東の空へ昇ってくるとも言われています。

秋の星座より

アンドロメダ座

アンドロメダ座は、海の怪物の生け贄にされそうになっていたところを英雄ペルセウスに助けられ、英雄の妻となったエチオピアの王女アンドロメダが、死後、星座になったものとされています。彼女が生け贄にされた原因は、母である王妃カシオペイアが自分の美しさは神にも勝ると自慢したことに、ポセイドンが腹を立てたためでした。アンドロメダ座の方向にあるアンドロメダ銀河も有名です。

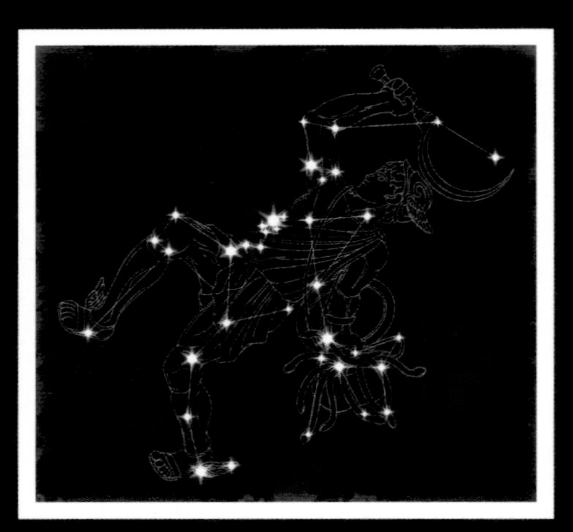

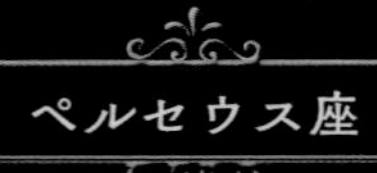

ペルセウス座

英雄ペルセウスが死後、天に上げられて星座になったのがペルセウス座だと伝えられています。星座のペルセウスは、右手に剣をもち、左手には怪物メドゥーサの首をもった姿です。そのメドゥーサの首の部分にアルゴルという恒星があり、これはメドゥーサの目だとも考えられています。ただ、アルゴルはアラビア語です。

ペガサス（ペガスス）座

怪物メドゥーサの子である有翼の馬ペガサスに見立てた星座がペガサス座です。ペガサス座の胴体部分の4つの星で構成される四辺形は「ペガススの大四辺形」とも呼ばれています。この天馬は英雄ベレロポンの愛馬になったのち、天に上がり、ゼウスのもとで雷鳴と雷光を運ぶ役割を与えられたと伝えられています。

冬の星座より

オリオン座

ポセイドンの息子でアルテミスの恋人だったオリオンは、アポロンの計略により命を落としました。悲しんだアルテミスがオリオンを天に上げるよう父ゼウスに頼むと、その願いは叶えられ、オリオン座になったと伝えられています。オリオンのベルト部分にあたる3つの星は非常に目立つため、見つけやすい星座です。

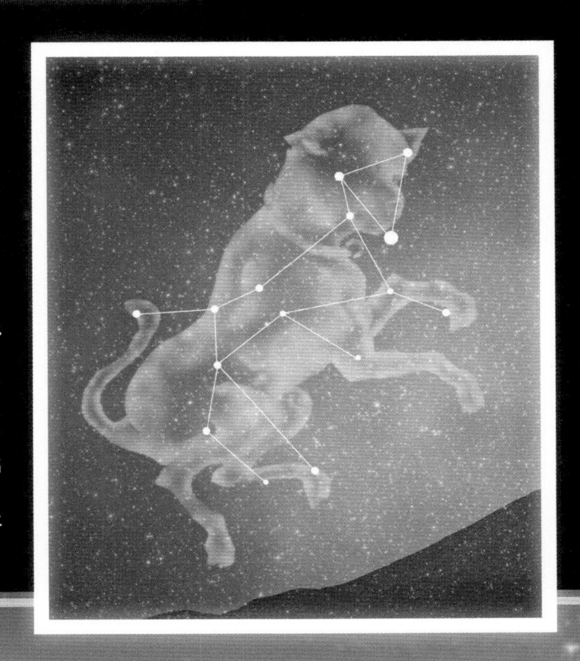

おおいぬ座、こいぬ座

おおいぬ座は、鍛冶の神ヘパイストスがゼウスのために作った絶対に獲物を逃さない猟犬ライラプスだとも、オリオンの飼っていた猟犬だとも言われています。こいぬ座は、そのオリオンが飼っていた2番目の猟犬だとも、酒と酩酊の神ディオニュソスからワインの製法を教わった村人の愛犬だとも言われています。

3章

英雄たちの物語

神様と人間のあいだに生まれた
半神半人の英雄たちの物語は、
ギリシア神話のもうひとつの見どころです。
ただ、その英雄たちの多くは運命に翻弄され、
悲劇的な結末を迎えます。

この章に登場する主要なキャラクター

ペルセウス	テセウス
メドゥーサ	ミノタウロス
ペガサス	アリアドネ
アンドロメダ	エコー
オイディプス	イカロス
スフィンクス	ピグマリオン
イアソン	ミダス
ヘラクレス	キマイラ
オルフェウス	ゲリュオン
メディア	グライアイ

最強の英雄ヘラクレスの像。

Q ペルセウスの功績を教えて！

『フィネウスとその一味を打ち倒すペルセウス』（ルカ・ジョルダーノ）。ペルセウスは退治したメドゥーサの首を持ちながら敵と戦っています。

A 怪物メドゥーサを倒しました。

恐ろしい怪物を倒し、王女を救け出す――。ペルセウスは英雄らしい英雄と言えます。

天駆ける英雄ペルセウスは、多くの怪物を退治しました。

見たものを石にしてしまうメドゥーサのほか、
ポセイドンが遣わした海の怪物などを、
ペルセウスは、次々に倒していきました。

Q1 ペルセウスはどうやってメドゥーサを倒したの？

A 神々から武器や道具を借りてやっつけました。

メドゥーサは、その姿を見た者を石にしてしまう恐ろしい怪物です。ペルセウスはこの怪物を倒すため、アテナから青銅の盾を、ニンフたちから翼のあるサンダルとハデスの隠れ兜を、ヘルメスから金剛の鎌などの魔法の武器や道具を借ります。そして、青銅の盾にメドゥーサを映し、直接見ないようにしながら倒しました。

「メドゥーサの頭を持つペルセウス像」（ベンヴェヌート・チェッリーニ）。フィレンツェのシニョーリア広場にある「ランツィのロッジア」に、この像はあります。ロッジアとは回廊のことです。

Q2 メドゥーサを倒して どうなったの？

A 怪物の傷口から、天馬ペガサスが誕生しました。

ペルセウスがメドゥーサの首を見事に切り落とすと、その傷口から翼の生えた馬のペガサスが誕生しました。ペガサスはポセイドンとメドゥーサの子です。またこのとき、黄金の剣をもったクリュサオルという子どもも傷口から生まれています。

20世紀初頭に刊行された書籍『Myths Every Child Should Know』の挿絵に描かれたペガサス。

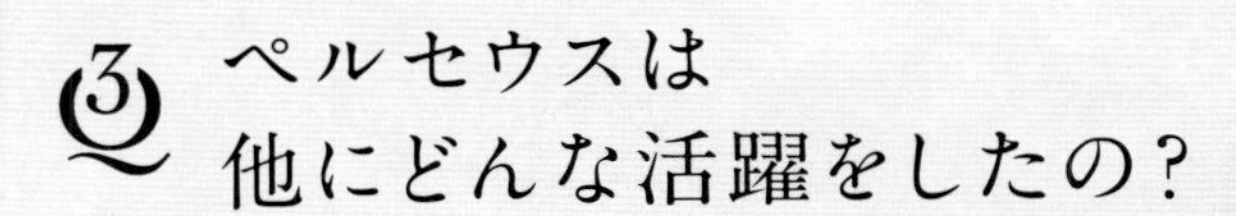

Q3 ペルセウスは 他にどんな活躍をしたの？

A エチオピアの王女アンドロメダを怪物から救い出しました。

メドゥーサを退治したペルセウスが故郷へと帰る途中、海岸で岩に縛りつけられた女性を見つけます。彼女はエチオピアの王女アンドロメダで、ポセイドンが送り込んできた海の怪物の生け贄にされようとしていました。ペルセウスはこの海の怪物も退治し、アンドロメダと結ばれました。

『アンドロメダ』（ギュスタヴ・ドレ）。生け贄として岩につながれたアンドロメダが描かれていていますが、絶望のあまりか顔を伏せています。

Q4 ペルセウスについてもっと 教えて！

A ペルシア王家の先祖は ペルセウスだとされています。

ペルセウスとアンドロメダのあいだに生まれた子が、のちにペルシア王家の祖になったとも言われています。一説には、ペルシアという語はペルセウスが語源とも。紀元前５世紀のアケメネス朝ペルシアの王クセルクセス１世はギリシアと戦争になった際に、ペルセウスの祖国アルゴスに使者を派遣し、同族同士が戦わないよう中立を求めたとも伝えられています。

クセルクセス王の墓とされる墓所。イラン・ペルセポリスの北にある巨岩遺跡ナクシェ・ロスタムには、歴代の王の墓や墓標があります。

Q
ギリシア神話で不幸な生涯を送った人を教えて！

『子どもたちを神に委ねる盲目のオイディプス』（ベニーニュ・ガニュロー）。タブーを犯したことを知ったオイディプスが絶望のあまり両目を潰した場面です。

A

オイディプスが有名です。

オイディプスは、実の父を殺し、母と結婚しました。そして、その事実を知ると、自分で目を潰してしまったのです。

運命のいたずらで、血塗られた人生を歩んだ王。

怪物スフィンクスを倒したことでも知られるオイディプスは、
さまざまな偶然に翻弄され、不幸な生涯を送りました。
彼の名は、「エディプス・コンプレックス」の語源ともなっています。

Q1 オイディプスはどういう生まれなの？

A テーバイの王ライオスの息子です。

オイディプスはテーバイの王ライオスとその妻イオカステのあいだに生まれました。しかし、ライオスは「息子に殺される」という神託を受けていたため、赤ん坊は生まれてすぐに捨てられてしまいます。その後、オイディプスは子どものいなかったコリントス王によって育てられました。

Q2 どうして父親を殺してしまったの？

A 自分の父とは知らなかったからです。

成長したオイディプスが旅をしている途中、向こうからくるテーバイ王一行の従者から道を譲れと迫られます。これが原因でオイディプスは一行と戦うことになり、ついには王まで殺してしまいますが、その王こそ、実の父ライオスだったのです。しかし、ライオスは名乗らなかったため、オイディプスはこのとき、その事実を知りませんでした。

『ライオスの殺害』（ジョゼフ・ブラン）。戦車に乗って旅をしていたオイディプスは、ある時、路上でやはり戦車に乗った男と行き合います。そして、どちらが道を譲るかをめぐって戦いとなり、父ライオスを殺してしまうのです。

Q3 オイディプスが倒したスフィンクスって、どんな怪物？

A 謎をかけて、答えられないと食い殺します。

テーバイの近くにスフィンクスという怪物が棲んでいて、旅人に「朝には四つ足、昼には二本足、夜には三つ足で歩くものはなにか」という謎を出しては、答えられないと食い殺していました。この地を通りかかったオイディプスが正解を告げると、スフィンクスは自殺してしまいました。その功績により、未亡人となっていたイオカステと、彼女が実の母であることを知らずに結婚します。

『オイディプスとスフィンクス』（ギュスタヴ・モロー）。スフィンクスの謎の答えは「人間」でした。赤ん坊のときは立てないから四つ足、成長すると立ち上がるので二本足、年を取ると杖を使うので三本足になるからです。

Q4 オイディプスはどうして真実を知ったの？

A 神託を受けたためです。

オイディプスがイオカステと結ばれてテーバイの王になると、何年も不作と疫病が続くようになりました。そこで、デルポイの神託所に神託を求めると、「先王ライオスを殺した者のせいである」と告げられたのです。

『コロノスのオイディプス』（ジャン=アントワーヌ=テオドール・ジロー）。神託を受けたオイディプスは誰がライオスを殺したかを調べはじめますが、やがて自分が父を殺したことと、実の母と結婚していたことを知ってしまいました。

Q ギリシア神話の冒険譚を教えて！

『金羊毛』(ハーバート・ジェームズ・ドレイパー)。金羊毛を手に入れてアルゴー船で逃げる途中、追手をまくために実弟を殺して海に投げ込もうとしているコルキス王の娘メディアの姿が描かれています。

A 勇士たちが 金羊毛を手に入れようと 船旅に出た話があります。

王子イアソンは王位を継承するため、金羊毛を探しに行きました。

ギリシア全土から英雄が集結し、幻の宝を求めて冒険に出ます。

イアソンに率いられた英雄たちは、
巨大な船アルゴー号に乗り込み、
数々の困難を乗り越え金羊毛を手に入れます。

Q1 金羊毛を求める冒険に出たのはなぜ？

A 奪われた王位を取り戻すためです。

テッサリア王イオルコスの息子だったイアソンは、父が亡くなったときまだ幼かったため、叔父のペリアスがひとまず王位を継ぐことになりました。やがて、成人したイアソンが王位を求めると、ペリアスはコルキスという国にある黄金の羊の毛皮を持ってくれば王位を譲ろうと言います。これにより、イアソンは冒険に出ることになったのです。

神殿でイアソンの姿に気付き、立ち止まったペリアス王を描いたフレスコ画。このフレスコ画は火山活動で埋もれたことで有名なイタリアのポンペイで発見されました。

Q2 冒険には何人で行ったの？

A 総勢50人です。さまざまな英雄が集まりました。

金羊毛を求める旅に出るため、イアソンはまずアルゴー号という巨大な船を造りました。それから冒険を共にしてくれる勇者をギリシア全土から募ります。その結果、英雄ヘラクレスや吟遊詩人のオルフェウス、名医アスクレピオスなど、さまざまな人材が集まり、総勢50人となりました。こうして、アルゴー号に乗り込んだ一行を「アルゴナウタイ」と言います。

『アルゴー船』（コンスタンティノス・ボラナキス）。その昔、夜空を彩る星座のひとつにアルゴ（船）座というものがありましたが、あまりにも巨大な星座なので、ほ（帆）座、とも（艫）座、らしんばん（羅針盤）座、りゅうこつ（竜骨）座の4つに分けられました。

Q3 どうやって金羊毛を手に入れたの？

A コルキス王の娘で魔法使いのメディアの力を借りました。

金羊毛は絶対に眠らない竜によって守られていました。しかし、コルキスの王女メディアはイアソンに惹かれ、父王を裏切ることを決意します。そして、魔法によって竜を眠らせ、イアソンは金羊毛を手に入れたのです。

『金羊毛をもつイアソン』（ベルテル・トルバルセン）。ベルテル・トルバルセンは19世紀に活躍したデンマークの彫刻家です。19世紀前半に、デンマークの首都コペンハーゲンでは、さまざまな芸術が花開き、「デンマーク黄金時代」を迎えました。

Q4 結局、イアソンは王位を取り戻せたの？

A 取り戻せず、祖国を追放されてしまいます。

金羊毛を手に入れて帰国したイアソンでしたが、ペリアスは約束をたがえて王位を譲ろうとはしませんでした。イアソンの妻となっていたメディアはこれに怒り、ペリアスを魔法と策略によって殺してしまいます。しかし、イオルコスの人々はメディアの魔力を恐れ、イアソン夫婦は国を追われてしまいました。

『イアソンとメディア』（ジョン・ウィリアム・ウォーターハウス）。メディアが、父であるコルキス王から課された3つの難題を達成できるよう、イアソンに魔法の薬を作っている場面を描いています。

Q
怪物を倒した英雄をもっと教えて！

『父の剣を発見するテセウス』（ニコラ・プッサン）。テセウスは父であるアテナイ王アイゲウスが残した剣とサンダルを大岩の下から発見。その剣をもって悪者を退治しながらアテナイへ向かいます。そして、アテナイ建設の祖となりました。

A ミノタウルスを倒したテセウスがいます。

テセウスはクレタ島の怪物ミノタウロスをはじめ、女族アマゾン、半人半馬のケンタウロスなどの怪物を退治しました。

迷宮の奥に潜む怪物を倒した英雄テセウスの物語。

多くの生け贄を犠牲にしてきた
怪物ミノタウルスを退治するため、
テセウスはクレタ島に乗り込みます。

『テセウスとミノタウルス』（エティエンヌ・ラミー）。有名なルーヴル宮殿の隣にあるテュイルリー公園に残されています。

Q1 テセウスはなんでミノタウロスを退治することになったの？

A 祖国アテナイのためです。

当時、アテナイはクレタ島のミノス王の支配下に置かれており、毎年７人の少年と７人の少女を怪物ミノタウロスに生け贄として捧げていました。これにテセウスは憤りを覚え、ミノタウロスを退治するため、みずから生け贄に志願します。

Q2 どうやってミノタウロスを退治したの？

A ミノス王の娘アリアドネから麻糸の毬と短剣をもらって倒しました。

ミノタウロスは脱出不可能な巨大迷宮ラビュリンストスにひそんでいました。クレタ島に乗り込んだテセウスは、ミノス王の娘アリアドネから麻糸の毬と短剣をもらいます。そして、麻糸の端を迷宮の入口に結びつけ、糸を伸ばしながら迷宮の奥を目指し、短剣でミノタウロスを倒しました。

『テセウスとアリアドネ』（ルドルフ・ズールラント）。テセウスに一目惚れしたアリアドネは、自身をアテナイに連れ帰って妻とすることを約束させ、テセウスを援助します。

Q3 テセウスはアリアドネと結ばれたの?

A 結ばれませんでした。

ミノタウロス退治に協力してくれたアリアドネを連れて、テセウスはクレタ島を脱出しました。ですが、アテナイへの帰国の途中にナクソス島に寄ったさい、アリアドネと別れてしまいます。

『バッカスとアリアドネ』(ティツィアーノ・ヴェチェッリオ)。別れた理由については、アリアドネに一目惚れした酒と酩酊の神ディオニュソスにさらわれてしまったというものと、テセウスが彼女に飽きて島に置き去りにしたという、2つの神話が残されています。この絵では、前者の説にのっとり、ディオニュソス(バッカス)がアリアドネをさらおうとする様子が描かれています。

★COLUMN★

ギリシア神話の舞台⑧

クレタ島

ミノタウロスは、クレタ島にある巨大な迷宮の奥に閉じ込められていました。この迷宮は名工ダイダロスによって築かれたもので、ラビュリントスと呼ばれていました。ちなみに、ラビュリントスは英語で迷宮を意味するラビリンス(Labyrinth)の語源ともなっています。

クレタ島に残るクノッソス遺跡。クノッソス遺跡は、1200以上の部屋をもつ大規模な宮殿だったと考えられています。ここから、クレタ島には強大な権力をもった支配者がいたことをうかがわせます。

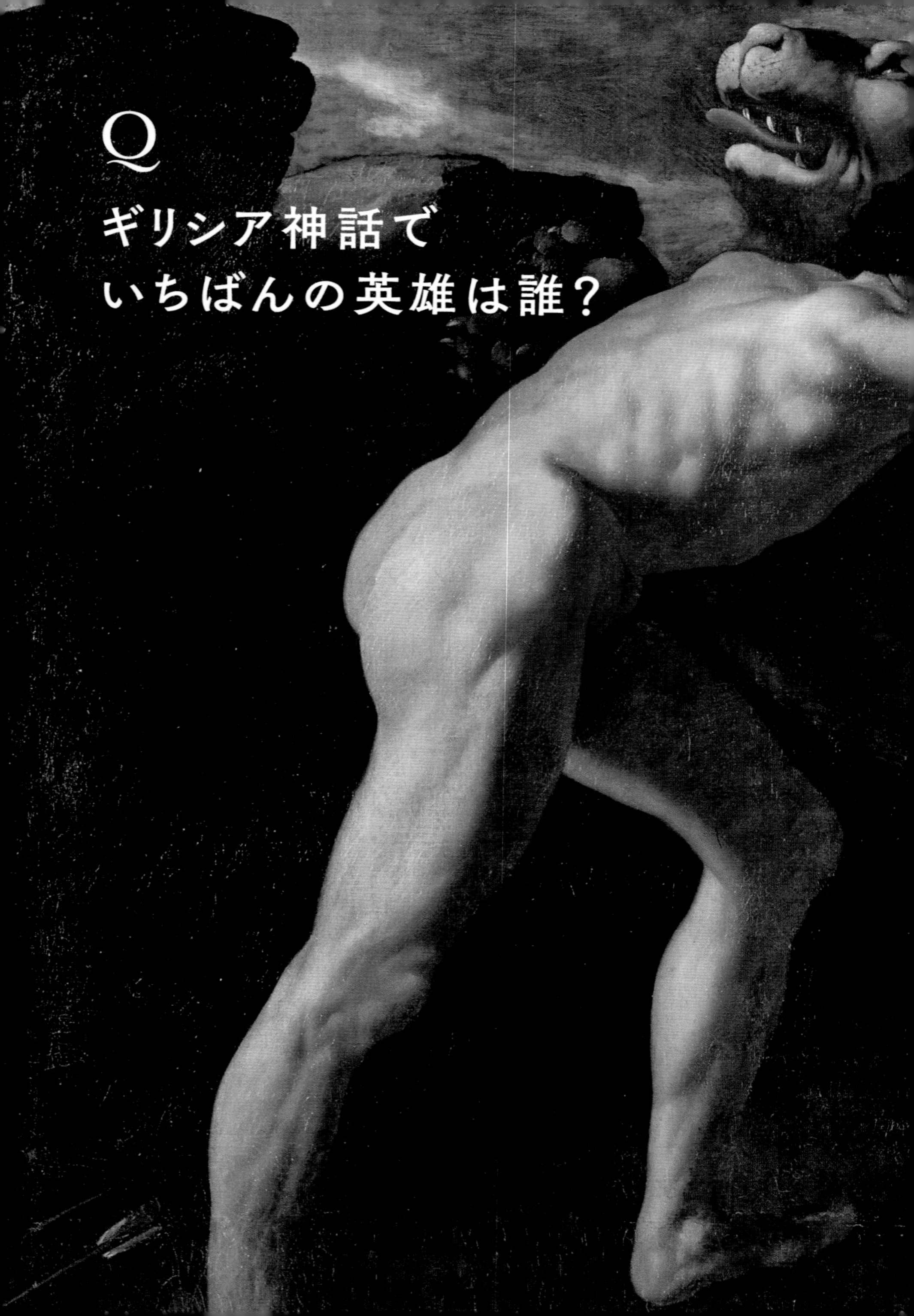

Q
ギリシア神話で いちばんの英雄は誰？

『ヘラクレスによるネメアのライオン退治』(フランシスコ・デ・スルバラン)。ヘラクレスに首を絞められ、苦悶の表情を浮かべるライオンが印象的。このヘラクレスの鍛え抜かれた肉体は、男性美の最たるものとされました。

A
「12の功業」を成したヘラクレスでしょう。

ヘラクレスは人並みはずれた体躯の持ち主で、ネメアのライオンを素手で締め上げ、退治しました。

ヘラクレスはギリシア神話の中で最強の英雄でもあります。

ヘラクレスは、さまざまな怪物を倒した無敵の英雄です。
しかし、その最期は悲劇的でした。

Q1 ヘラクレスはどのくらい強かったの?

A 怪物だけでなく、神々さえも倒してしまいました。

怪力無双のヘラクレスは、さまざまな怪物を退治しただけでなく、死の神タナトスや河の神アケロオスなどの神様も倒しています。さらに、アポロンとも戦いましたが、さすがにこの勝負は引き分けに終わりました。

『ファルネーゼのヘラクレス』。古代ギリシアの彫刻家リュシッポスの作品で、ローマのカラカラ浴場にあったオリジナルをもとに作られた複製です。

Q2 ヘラクレスの「12の功業」ってなに?

A 自分の犯した罪を償うため、自らに課した試練です。

ヘラクレスは、ゼウスとミュケナイ王女アルクメネとのあいだに生まれました。ゼウスの浮気によりできた子どもであるため、ヘラはヘラクレスを憎み、彼に狂気をもたらします。そのせいで、ヘラクレスは妻と子を殺してしまいました。この罪を償うため、12の試練を自らに課したのです。

12の功業

	功業	結果
1	ネメアのライオン	退治した
2	レルネのヒュドラ	退治した
3	クリュネイアの牝鹿	生け捕りにした
4	エリュマントスの猪	生け捕りにした
5	アウゲイアス王の家畜小屋	1日で掃除した
6	ステュムパリデスの怪鳥	退治した
7	クレタ島の暴れ牛	生け捕りにした
8	ディオメデス王の人喰い馬	生け捕りにした
9	アマゾンの女王ヒッポリュテの金の帯	奪って持参した
10	ゲリュオンの紅い牛	生け捕りにした
11	ヘスペリデスの黄金のリンゴ	戦わずに持参した
12	地獄の番犬ケルベロス	生け捕りにした

罪にさいなまれたヘラクレスは、「ミュケナイ王に仕えて10の勤めをはたせ」とのアポロンの神託を受けます。このうち「ヒュドラ退治」と「アウゲイアス王の家畜小屋の掃除」はのちに功業としては認められないことになり、新たに「ヘスペリエスの黄金のリンゴの獲得」と「地獄の番犬ケルベロスの捕獲」の2つを行ったのです。

Q3 ヘラクレスの最期はどうなったの？

A 策略にはまり、毒をもられて死にます。

ヘラクレスは妻デイアネイラを襲おうとしたケンタウロスを殺しました。ケンタウロスは死の間際、デイアネイラに自分の血は愛の秘薬であると告げます。その後、ヘラクレスが別の女性に心を移すと、デイアネイラはケンタウロスの血に浸した下着をヘラクレスに着せました。ところが、その血は実際には毒で、ヘラクレスは猛烈な苦しみに耐えかねて自分を火葬させたのです。

『火葬壇上のヘラクレス』（ルカ・ジョルダーノ）。火葬の壇の上でヘラクレスは、部下たちに火をつけるよう命じますが、部下の誰もがそのようなことはできません。最後は、アルゴナウタイのメンバーでもあった友人のピロクテテスが火をつけ、ヘラクレスはそのお礼に愛用の弓矢をピロクテテスに渡しました。

★COLUMN★ ギリシア神話の舞台⑨

ジブラルタル海峡

「12の功業」の途中、ヘラクレスは近道をしようと棍棒で山脈を殴って真っ二つにしてしまいました。これにより、大西洋と地中海をつなぐジブラルタル海峡ができたと伝えられています。そして、ヨーロッパ側とアフリカ側に分かれた山脈は岬となり、ともに「ヘラクレスの柱」と呼ばれるようになりました。

地中海の出入口であるジブラルタル海峡は、古代から現代にいたるまで、地政学上重要な位置を占めてきました。もっとも狭いところでは、幅が14キロメートルしかありません。

「ヒュラスとニンフたち」（ジョン・ウィリアム・ウォーターハウス）。美少年ヒュラスを誘惑するニンフたち。物憂げでなにかを訴えかけるような表情が魅力的です。

Q

美しいニンフも神様なの？

A

精霊や妖精に近い存在です。

ニンフは川や泉、谷、山、樹木などの神的力を擬人化したもので、若く美しい女性の姿で表されます。

ニンフと人間が織りなす物語も、神話の重要な要素のひとつです。

美しいニンフたちの物語のほか、
彫刻に恋をしてしまう人間や、
触るものすべてが黄金になる王様などの物語は、
ギリシア神話の中でも特別な印象を残します。

Q1 ニンフのエピソードで有名なのは？

A 木霊（こだま）になったエコーの神話が広く知られています。

山で自分の声が反響する木霊は、もとはエコーというニンフだったと伝えられています。美少年のナルキッソスに冷たくあしらわれたエコーは、悲しみのあまり声だけの存在になってしまいました。それが木霊とされているのです。

『エコーとナルキッソス』（ジョン・ウィリアム・ウォーターハウス）。ナルキッソスには、水に映る自分の顔に恋をした挙句に死んでしまい、スイセンの花になったという神話もあります。この絵には、そのスイセンも描かれています。

Q2 神話の中の人間のエピソードを教えて！

A 空を飛んだイカロスの神話が知られています。

名工ダイダロスと息子のイカロスが高い塔に幽閉されたことがありました。しかし、ダイダロスは鳥の羽をロウで固めた人工の翼を２つ作り、息子とともに塔から脱出します。このとき、父は息子に高く飛びすぎるなと警告しましたが、慢心したイカロスは高度を上げて太陽に近づいてしまいます。これにより、太陽の熱でロウが溶け、イカロスは墜落死してしまいました。

『イカロスへの哀歌』（ハーバート・ジェームズ・ドレイパー）。墜落死したイカロスの周りに、嘆きのニンフが集まっています。

Q3 彫刻に恋をしてしまった人間についても教えて！

A キプロス島の王ピグマリオンです。

ピグマリオンはキプロス島の王で天才的な彫刻家です。女性嫌いだった彼は、あるとき理想の女性の彫刻を作り上げ、ガラテアと名づけました。すると、ピグマリオンはガラテアに生まれて初めての恋をしてしまいます。叶わぬ恋にやせ細るピグマリオンを見たアフロディテは同情し、ガラテアに生命を与えました。こうして、めでたく２人は結ばれたのです。

「ピグマリオンとガラテア」（ジャン＝レオン・ジェローム）。この絵では、ガラテアが命を与えられ、頭から足へとだんだん生身の身体に変わってゆく途中の段階が描かれています。ガラテアの姿勢が不自然なのは、まだ足元が像のままで自由ではないからです。

Q4 では、触るものがすべて黄金になった王様って？

A ペシヌスの王ミダスの神話があります。

ミダスはあるとき、酒と酩酊の神ディオニュソスから「なんでも望みをかなえてやる」と言われ、自分が触れるものすべてが黄金に変わる能力が欲しいと願いました。その望みは叶えられたものの、ミダスが触ると食べ物も水も黄金になってしまいます。飢えと渇きに苦しんだミダスは、ディオニュソスに授かった力を返すことにしました。ちなみに、このときミダスが体を洗い流した川から、以後、砂金が採れるようになったと言います。

ナサニエル・ホーソーンの著者『ワンダー・ブック』の挿絵。ウォルター・クレインによるもので、ミダス王が娘に触れると、娘が彫像になってしまう様子が描かれています。

『ヘラクレスとヒュドラ』（ギュスターヴ・モロー）。複数の頭を持つヒュドラと、ヘラクレスが対峙しています。

神話のなかに登場する、個性的な怪物たち。

神、ニンフ、英雄たちと並んで、
ギリシア神話のなかで忘れてはならないのが、
キマイラをはじめとする怪物たちです。

Q1 キマイラってどんな怪物？

A さまざまな動物が合体した姿をしています。

キマイラは、頭は獅子、胴体は山羊、尻尾は毒蛇と、複数の動物が合体した姿をしている怪物です。また、口からは炎を吐きます。ペガサスに乗った英雄ベレロポンに槍を口の中に突き立てられて退治されました。

『キマイラ』（ギュスターヴ・モロー）。キマイラは口から火を吐き、それによって山を燃え上がらせていました。

Q2 いちばん変な姿をした怪物は？

A ゲリュオンでしょう。

ゲリュオンは、３つの頭と３つの胴体をもち、そこから６本ずつの腕と脚が生えているという、とても奇妙な姿をした怪物です。西の果てのエリュテイア島で紅い牛を飼っていましたが、牛を奪いに来たヘラクレスに殺されてしまいました。

『ゲリュオンに乗るダンテ』（ギュスターヴ・ドレ）。ゲリュオンは、ダンテの『神曲』にも登場します。この絵では、ダンテ自身がゲリュオンに乗っています。

Q3 ほかにも面白い怪物はいる？

A 目と歯を３人で共有している怪物がいます。

世界の果ての岩屋には、グライアイと呼ばれる怪物の三姉妹が暮らしています。彼女たちは醜い老婆の姿をしていて、ひとつしかない目と歯を姉妹で共有しています。ちなみに、それぞれの名前は、「ペムプレド（意地悪な）」「エニュオ（好戦的）」「デイノー（恐ろしい）」です。

『ペルセウスとグライアイ』（エドワード・バーン＝ジョーンズ）。ペルセウスは、メドゥーサ退治の際にグライアイたちを訪問したことがあります。

『ニオベの子を弓矢で殺すアポロンとディアナ』（ピエール・シャルル・ジョンベール）。ギリシア神話には、弓矢を使うのが得意な神様が少なくありません。

魔法の武器や道具など、神話の中の不思議なアイテム。

ギリシア神話には、宇宙を破壊できる恐ろしい武器、
姿を消すことのできる兜、空を飛ぶことのできるサンダルなど、
特徴的なアイテムもたくさん出てきます。

Q1 神々の武器・防具で有名なのは？

A 雷霆（らいてい）、三叉（さんさ）の矛（ほこ）、隠れ兜でしょう。

雷霆はゼウスの武器で、一瞬で宇宙を焼き尽くすことができるとされています。三叉の矛はポセイドンの武器で、自在に地震を起こすことができます。隠れ兜はハデスの持ち物で、その名の通り、かぶると姿を消すことができます。この３つはどれも、ティタノマキアのときに、ひとつ目の巨人キュクロプスがつくったものです。

Q2 英雄たちの武器・防具で有名なのは？

A ヘラクレスのネメアの獅子の毛皮や、アキレウスの盾などが広く知られています。

ヘラクレスは刃物をいっさい通さない皮をもっていたネメアの獅子を絞め殺すと、以後、その毛皮を最強の防具として身につけるようになりました。トロイア戦争の英雄アキレウスは愛用の防具を失ってしまったので、鍛冶の神ヘパイストスに特製の円形の盾を作ってもらいました。

『ネメアの獅子とヘラクレス』（ピーテル・パウル・ルーベンス）。弓矢や棍棒での攻撃をものともしないネメアの獅子を前に、ヘラクレスは3日間、獅子の首を締め上げることで殺害に成功します。

Q3 ほかにはどんな魔法の道具が登場するの？

A 空飛ぶサンダルや黄金のくつわなどが出てきます。

伝令の神ヘルメスは、タラリアと呼ばれる翼の生えた黄金のサンダルをもっていました。これを履けば、誰でも空を飛べます。英雄ベレロポンはペガサスを捕える際、アテナに借りた黄金のくつわを使いました。また、アフロディテが身に着けている魔法の宝帯（ケストス）は、「愛」「あこがれ」「欲望」がこめられているため、あらゆる男性は彼女の誘惑に抗うことができないとされています。

4章
英雄たちの一大戦記

女神たちのいさかいが
人間たちの戦争へとつながっていきます。
壮大なギリシア神話の世界は、
このトロイア戦争により終わりを告げます。

この章に登場する主要なキャラクター

ヘラ
アテナ
アフロディテ
アキレウス
アガメムノン
オデュッセウス
ラオコオン
カッサンドラ
セイレン
キルケ
カリュプソ
ナウシカア
ペネロペ
アイネアス

古代ギリシアの兵士の兜

Q ギリシア神話で いちばんの美人は誰？

『パリスの審判』（ピーテル・パウル・ルーベンス）。3人の女性のうち、中央がアフロディテ、その左がアテナ、右がヘラで、トロイアの王子パリス（左端）が誰がいちばん美しいかを判定しようとしています。

A アフロディテです。

女神たちの美をめぐる争いが、人間たちの戦争になりました。

誰がいちばん美しいかを決める女神たちのいさかいが、
ギリシア連合軍vsトロイアの人間たちの戦争の引き金となります。
また、この戦いでは神々も二派にわかれて争いました。

1 Q どうして女神たちは争うことになったの？

A 結婚式の宴席に「黄金の林檎」が投げ込まれたのがきっかけでした。

人間の英雄ペレウスと女神テティスの結婚式が行われたことがあります。このとき、自分だけが招待されなかったことに怒った不和の女神エリスは、「もっとも美しい女神へ」と書かれた黄金の林檎を宴に投げ込みました。すると、自分の美しさに自信をもっていたヘラ、アテナ、アフロディテは林檎をめぐって争いを始めたのです。

『ペレウスとテティスの結婚』（ヨアヒム・ウテワール）。中央左で林檎を手に宙を舞っているのがエリスです。

2 Q どうやっていちばんの美女を決めたの？

A トロイアの王子パリスに決めさせました。

誰がいちばん美しい女神かをめぐる、ヘラ、アテナ、アフロディテの争いが収まらなかったため、ゼウスはトロイアの王子パリスに決めさせることにしました。そこで、女神たちはパリスに自分を選んでくれたときの褒美を提示します。ヘラは富と権力、アテナはあらゆる戦争に勝てる力、アフロディテは世界一の美女を妻として与えると約束します。パリスが選んだのはアフロディテでした。

Q3 女神たちの争いがどうして人間の戦争になったの？

A 世界一の美女が人妻だったからです。

アフロディテがパリスに与えると約束した世界一の美女は、スパルタ王メネラオスの妃ヘレネでした。しかし、パリスは構わずヘレネを自分のものにします。メネラオスは妻を返すようトロイアに抗議しましたが、パリスは拒絶。そこで、メネラオスの兄でミュケナイの王だったアガメムノンはギリシア連合軍を結成し、トロイアに攻め込みました。こうして、トロイア戦争が勃発したのです。

『パリスとヘレネ』（ジャック＝ルイ・ダヴィッド）。戦場から戻ったパリスが、気乗りのしないヘレネをベッドに誘っているシーンです。

Q4 神々も2派にわかれて争ったの？

A ギリシア側とトロイア側にわかれて戦いました。

戦争が勃発すると、神々もどちらの陣営に味方するかで分裂します。ギリシア側には、ヘラ、アテナ、ポセイドンが、トロイア側にはアポロン、アルテミス、アレス、アフロディテがつきました。

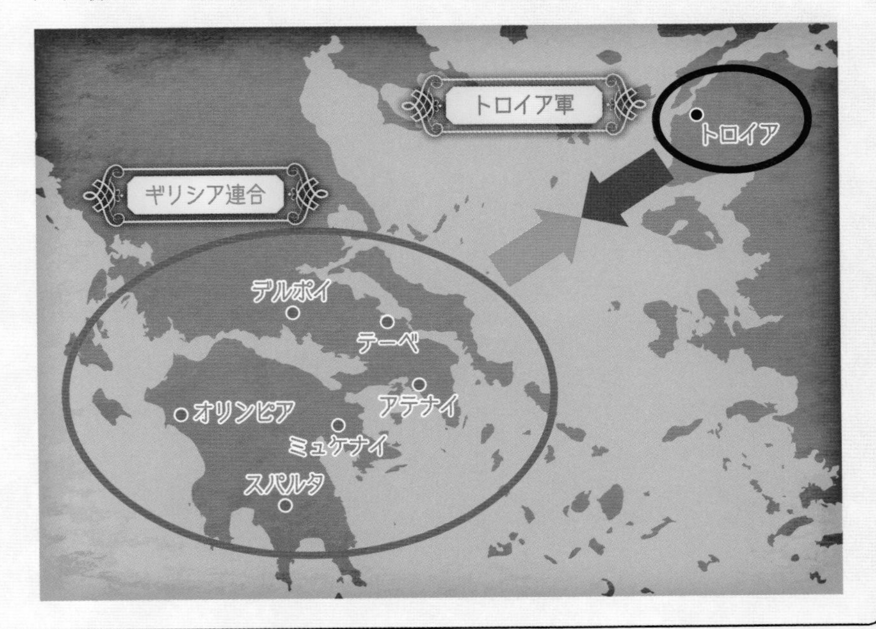

Q
トロイア戦争で活躍したのは誰?

『アキレウスの陣営を訪ねるアガメムノンの使者たち』（ドミニク・アングル）。戦いの途中、一時戦線離脱したアキレウス（左端）の元を、ギリシア軍の総大将であるアガメムノンの使者たちが訪れた場面です。

A
アキレウスです。

アキレウスは武勇に優れた英雄。その勇ましさに、トロイアの兵士たちはたちまち逃げ出しました。

不死身の戦士として知られる、ギリシアの英雄アキレウスの悲劇。

ギリシア連合軍の勝利で終わることになるトロイア戦争ですが、
一進一退が続き、なかなか決着がつきませんでした。
その戦場で活躍したのが、不死の体をもった英雄アキレウスです。
しかし、彼には唯一の弱点がありました。

1Q トロイア戦争はどのくらい続いたの？

A 10年間も続きました。

ギリシア連合軍とトロイアの戦いは、それぞれの陣営に神々が味方したこともあり、一進一退の攻防を続け、10年間も決着がつきませんでした。その間に、双方の英雄たちが次々と戦場で倒れていきます。

2Q アキレウスの弱点ってなに？

A かかとです。

アキレウスはペレウスと女神テティスのあいだに生まれた子で、トロイア戦争でギリシア側の英雄として大活躍します。テティスはアキレウスが生まれたとき、我が子を不死身にしようと冥府の川ステュクスに浸けました。これにより、アキレウスは不死身になりますが、その際、テティスの掴んでいたかかとだけが水に浸かっていなかったため、唯一不死身ではない弱点となります。

『ステュクスの流れにアキレウスを浸すテティス』（ピーテル・パウル・ルーベンス）。走ったりジャンプしたりする時に重要な役割をはたすアキレス腱は、このエピソードが由来となり名付けられました。

Q3 アキレウスについてもっと教えて！

A アガメムノンに愛人を奪われ、戦線を離脱しました。

ギリシア連合軍の総司令官アガメムノンとアキレウスが不仲になり、アキレウスが戦線を離脱してしまったことがあります。原因はアガメムノンがアキレウスの愛人ブリセイスを奪ってしまったことでした。

ポンペイの壁画（作者不詳）に描かれたアキレウスらの三角関係。ブリセイス（右端）がアガメムノンに奪われようとしています。

Q4 アキレウスの最期はどうなるの？

A かかとに矢を受けて亡くなります。

親友パトロクロスの死を知ったアキレウスは、戦場に戻りました。そして、仇敵ヘクトルを倒します。しかし、その数日後、唯一の弱点だったかかとに矢を受けて戦死してしまうのです。

ヘクトルを倒したアキレウスが描かれたトンド（装飾用の陶製皿）。

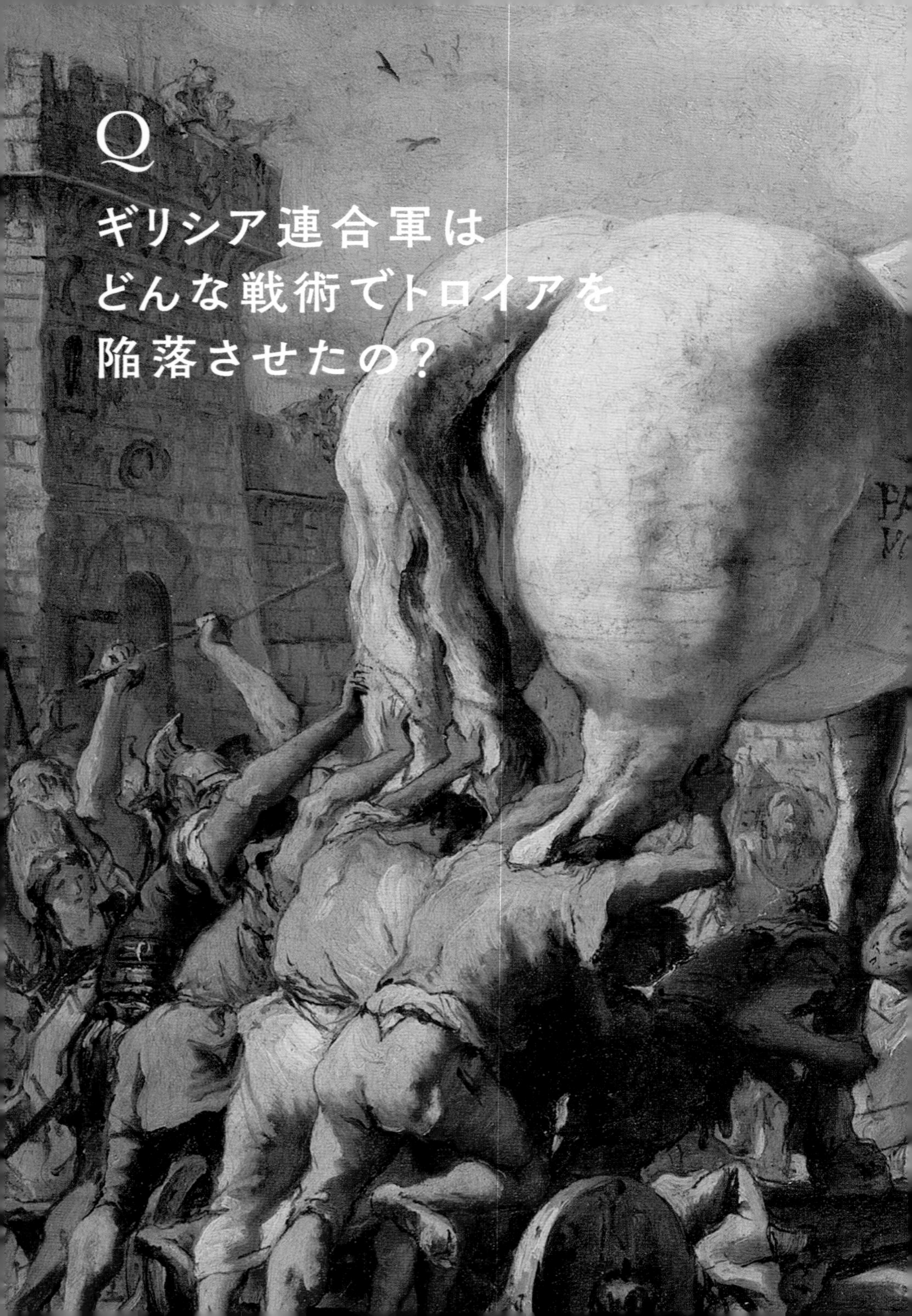

Q
ギリシア連合軍は
どんな戦術でトロイアを
陥落させたの？

『トロイアに入る木馬の行進』（ジョヴァンニ・ドメニコ・ティエポロ）。ギリシア軍の巨大な木馬をトロイア市民が城内に引き入れようとしています。じつは、この木馬の中には……。

A
木馬の罠を使いました。

「トロイの木馬」の名で知られる作戦がギリシア軍を勝利に導きました。

長きにわたった戦いで、ギリシアを勝利に導いた奇策。

戦局が膠着状態に陥る中、ギリシアが考案したのが
「トロイの木馬」と呼ばれる木馬の罠です。
これにより、戦いはギリシアの大勝利に終わりました。

1Q 木馬の罠を考案したのは誰？

A ギリシアの知将オデュッセウスです。

戦争が降着状態に陥るなか、必勝の手を考え出したのはイタケの王でギリシア側の知将だったオデュッセウスでした。トロイア戦争で活躍した英雄の多くは武力自慢の豪傑でしたが、オデュッセウスは珍しく頭を使って戦うタイプで、「策略巧みなオデュッセウス」と呼ばれていました。

2Q 「トロイの木馬」はどんな作戦だったの？

A 巨大な木馬の中にギリシア兵を潜ませるというものです。

オデュッセウスは巨大な木馬を造らせると、そのなかにギリシア兵を潜ませました。それから、木馬をトロイアの城門前に置いて、ギリシア軍は全軍撤退します。トロイア側はギリシア軍が逃げ去ったと考え、木馬を戦利品として市内に運びこんでしまいました。すると夜中に木馬のなかからギリシア兵が飛び出し、城門を内側から開けてギリシア軍を招き入れ、トロイアの男たちを皆殺しにしたのです。

トロイアの考古遺跡は、現在のトルコ・チャナッカレに眠っています。ここにはトロイの木馬の模型もあります。

Q3 トロイア側は誰も罠に気づかなかったの？

A 神官ラオコオンと王女カッサンドラは見抜いていました。

トロイアの神官ラオコオンと予言の力をもつ王女カッサンドラは、木馬がギリシアの罠だと見抜きます。しかし、ラオコオンはアテナによって海蛇に殺されてしまいました。また、カッサンドラはアポロンの愛を拒絶したことで、「誰も予言を信じない」という呪いをかけられてしまい、彼女の警告を誰も聞こうとはしませんでした。

『ラオコオン』（エル・グレコ）。ラオコオンの死については、ラオコオンがアポロンの像の目前で妻と交わったことが怒りを買ったためとする説もあります。

★COLUMN★ ギリシア神話の舞台⑩

シュリーマンとトロイア（イリオス）遺跡

19世紀のドイツの考古学者シュリーマンは、それまで実在するとは考えられていなかったトロイアの遺跡（イリオスの遺跡）を発見した人物として有名です。この遺跡は9つの層で構成され、のちの研究で第7層がトロイア戦争の時期のものだと考えられています。

遺跡の入口には、トロイの木馬のレプリカが立てられています。

『ポリュペモスの洞窟にいるオデュッセウス』（ヤコブ・ヨルダーンス）。帰途、オデュッセウス一行はシチリア島に漂着。そこで巨人に出会います。

Q

トロイア戦争終結後のエピソードを教えて！

A

オデュッセウスが帰郷するまでに10年もかかりました。

そんなに長くかかったのは、旅の途中で冒険や恋愛を繰り返していたからです。

英雄オデュッセウスの長く苦しい放浪の旅の末。

トロイア戦争を勝利に導いたオデュッセウスでしたが、
その帰郷の旅は苦難の連続となります。
そして、故郷で待ち受けていたものは……。

Q1 勝利したあと、ギリシアの司令官たちはどうなったの？

A みんな悲惨な目に遭いました。

トロイア戦争でギリシア連合軍は勝利を収めたものの、略奪などの残虐行為をしたことで神々の怒りを買ってしまいます。その結果、アガメムノンは帰国後に妻とその愛人に暗殺され、メネラオスは暴風に悩まされて帰国まで８年もかかりました。なかでも悲惨だったのはオデュッセウスで、多くの部下たちを失いながら、故郷に帰るまで10年間も放浪を余儀なくされます。

『炎上するトロイ』（ヨハン・ゲオルク・トラウトマン）。火のついたトロイアの宮殿では、阿鼻叫喚の地獄のような光景が繰り広げられたと言います。

②Q オデュッセウスはどんな苦労をしたの?

A 巨人に捕らわれたり、怪物に襲われたりします。

最初に嵐でリュビアにまで流され、部下たちは食べた者を夢の世界に誘うロートスの実を口にしてしまいました。次に、ひとつの目巨人キュクロプスたちの暮らす島に流され、捕らわれてしまいます。オデュッセウスは巨人ポリュペモスの目を潰して脱出しますが、ポリュペモスはポセイドンの息子でした。これにより、海神を敵に回したオデュッセウスは、たびたびポセイドンの妨害を受けて船を破壊されることになります。さらに、太陽神ヘリオスに憎まれたり、スキュラやセイレンなどの怪物にも襲われたりしました。

---

③Q オデュッセウスが戦ったなかで、いちばん恐ろしい怪物は?

A 歌声で人を惑わすセイレンでしょう。

セイレンは船乗りを歌声で誘惑し、岸壁に叩きつけて殺害します。しかし、オデュッセウスたちはあらかじめ耳栓をしていたため、セイレンの歌声に惑わされずにすんだのです。

『オデュッセウスとセイレンたち』(ジョン・ウィリアム・ウォーターハウス)。セイレンは上半身が人間の女性で、下半身が鳥の姿をしており、その美しい歌声で航行中の船人たちを惑わせ難破させます。

『オデュッセウスとカリュプソ』（アルノルト・ベックリン）。カリュプソの島で長く暮らしていても、オデュッセウスの心から望郷の念がなくなることはありませんでした。神々の裁定によって、カリュプソは泣く泣くオデュッセウスの帰国を承諾します。

Q4 放浪の旅の途中、オデュッセウスにロマンスはあったの？

A 魔女キルケや海の女神カリュプソなどと恋をしました。

放浪の旅の途中、アイエイエ島に流れ着いたオデュッセウスは、そこで魔女キルケに部下たちを魔法で動物に変えられてしまいました。オデュッセウスはなんとか部下たちを助けますが、キルケと恋仲になり、島で１年間を過ごします。その後、海の女神カリュプソの島に流れ着いたオデュッセウスは女神に愛され、７年間もその島で過ごすことになりました。

Q5 オデュッセウスはどうやって帰国したの？

A 王女ナウシカアに助けてもらいました。

ポセイドンに船を破壊されたオデュッセウスは、スケリア島の浜辺に打ち上げられました。そこで、島の王女ナウシカアと出会い、彼女の協力により船を手に入れます。これにより、オデュッセウスはようやく故郷イタケへと帰ることができたのです。

『オデュッセウスとナウシカア』（シャルル・グレール）。王女ナウシカアは、オデュッセウスに気持ちを寄せますが、オデュッセウスの強い望郷の念を知り、島からイタケへと送り出します。

Q6 故郷に戻ってからオデュッセウスはどうなったの？

A 王に復位しました。

ようやくオデュッセウスは自分の領地であったイタケに帰国したものの、故郷ではみんな彼が死んだものと思っていました。妻のペネロペはまだ再婚していませんでしたが、ちょうどそのころ彼女の再婚相手であると同時に、新しい王となるべき人物を決める競技大会が開かれようとしていました。その競技は先王、つまりオデュッセウスの持ち物であった弓を引くというものです。強すぎる弓を誰も引けないなか、オデュッセウスは見事弓を引き、王に復位したのです。

ペネロペ像（バチカン美術館所蔵）。ペネロペはとても美しく、オデュッセウスが留守の間、108人もの求婚者が現れたと言います。

Q7 トロイアはどうなったの？

A トロイアの英雄の子孫が、のちのローマ帝国を築きました。

敗戦によりトロイアは壊滅状態に陥りましたが、燃えさかる都市からトロイアの英雄アイネアスが脱出します。その後、アイネアスはイタリア半島に流れつき、現地の王の娘ラウィーニアと結婚しました。そして、ラウィニウムという新しい都市を築きます。やがて、アイネアスの子孫であるロムルスがラウィニウムの近くにローマという都市を建設し、これがのちに大帝国となるローマの始まりであると伝えられています。

バチカンから見た現在のローマ。

怪物メドゥーサの頭部を手にしたペルセウスの像。

★写真提供

カバー	Luxy Images/アフロ
P20-21	akg-images/アフロ
P32	アフロ
P40	Alamy/アフロ
P44-45	Newscom/アフロ
P54-55	ALBUM/アフロ
P60-61	Alamy/アフロ
P78	akg-images/アフロ
P84	akg-images/アフロ
P86-87	Artothek/アフロ
P90	ALBUM/アフロ
P102	Science Photo Library/アフロ
P108-109	ALBUM/アフロ
P106-107	Bridgeman Images/アフロ
P128-129	akg-images/アフロ
P142-143	akg-images/アフロ

そのほかCreative Commonsなど

おわりに

『世界でいちばん素敵なギリシア神話の教室』はいかがでしたか？　子どもの頃からなじんできた神々や英雄・怪物たちとの再会を、存分に堪能していただけたでしょうか。

神話とは世界の不可思議に対する古来の根源的な疑問、たとえば地球や人間や動植物はいかにして生まれたか、生や死はなぜ存在するようになったのか……といった疑問に応える古代人の叡智であると同時に、歴史を含む森羅万象に具体的な姿形を与えて物語に仕立て上げた、古代世界の際限のない想像力の集成でもあります。

とすれば、神話を読むという行為は、古代との時空を超えたかけがえのない、そしてこの上もなく贅沢な対話だともいえます。

最後に、神話に興味をもった方は、本書の姉妹版でもある『世界でいちばん素敵な神話の教室』をぜひ併読してください。万華鏡的な神話世界の醍醐味を、よりいっそう深く味わうことができるでしょう。

蔵持不三也

★主な参考文献（順不同）

・『世界の神話伝説図鑑』フィリップ・ウィルキンソン編 井辻朱美日本版監修 大山晶訳（原書房）
・『ビジュアル博物館 第77巻 神話』ニール・フィリップ著 松村一男日本語版監修（同朋舎）
・『新装版 西洋美術解読事典』ジェイムズ・ホール著 高階秀爾訳（河出書房新社）
・『名画で読み解く「ギリシア神話」』吉田敦彦監修（世界文化社）
・『マンガでわかる「西洋絵画」の見かた』池上英洋監修（誠文堂新光社）
・『すぐわかる ギリシア・ローマ神話の絵画』千足伸行監修（東京美術）
・『ギリシア神話の名画はなぜこんなに面白いのか』井出洋一郎著（中経出版）
・『知れば知るほど面白い ギリシア神話』松村一男監修（実業之日本社）
・『すぐわかる世界の宗教』町田宗鳳監修（東京美術）
・『神話で訪ねる世界遺産』蔵持不三也監修（ナツメ社）

三叉の矛で海洋を制する海神ポセイドンの像。

★蔵持不三也（くらもち・ふみや）

1946年栃木県今市市（現日光市）生まれ。早稲田大学第一文学部卒業後、パリ大学第4大学（ソルボンヌ校）修士課程修了（比較文化専攻）。パリ高等社会科学研究院前期博士課程修了（文化人類学専攻）。博士（人間科学）。早稲田大学人間科学学術院教授・モンペリエ大学客員教授などを経て、現在早稲田大学名誉教授。著書に『ペストの文化誌』（朝日新聞社）、『シャルラタン—歴史と諧謔の仕掛人たち』、『英雄の表徴』（以上、新評論）、『奇蹟と痙攣—近代フランスの宗教対立と民衆文化』、『神話・象徴・イメージ』、『ヨーロッパ民衆文化の想像力』（以上、言叢社）、監修書に『神話で訪れる世界遺産』（ナツメ社）、訳書にアンリ・タンクほか著『ラルース版世界宗教大図鑑』、ベルナール・ステファヌ著『パリ地名大事典』、セリヌ・デュ・シェネ著『図説魔女の文化史』（以上、原書房）、ティム・ダウリー著『地図で見る世界の宗教』（柊風舎）など多数。

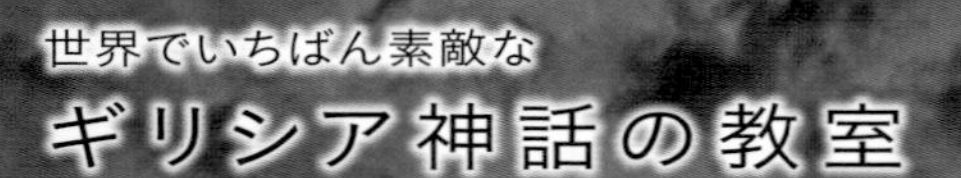

世界でいちばん素敵な

ギリシア神話の教室

2021年 7 月15日　第 1 刷発行

定価(本体1,500円+税)

監修　蔵持不三也
編集・文　ロム・インターナショナル
編集協力　バーネット
写真協力　アフロ、Adobe Stock、istock、Shutterstock
装丁　公平恵美
本文DTP　伊藤知広(美創)

発行人　塩見正孝
編集人　神浦高志
販売営業　小川仙丈
中村崇
神浦絢子

印刷・製本　図書印刷株式会社

発行　株式会社三才ブックス
〒101-0041
東京都千代田区神田須田町2-6-5 OS'85ビル 3F
TEL：03-3255-7995
FAX：03-5298-3520
http://www.sansaibooks.co.jp/
mail：info@sansaibooks.co.jp
facebook　https://www.facebook.com/yozora.kyoshitsu/
Twitter　https://twitter.com/hoshi_kyoshitsu
Instagram　https://www.instagram.com/suteki_na_kyoshitsu/